科技
改變中國
叢書總主編：倪光南

神州脈動

能源革命改變中國

Fuel: Energy Revolution Changes China

胡森林　林益楷
林火燦 ／ 著

開明書店

序 言

　　對能源行業的人士來説，2016 年《巴黎協定》的簽署是一個大家都十分關注的大事件。該協定的簽訂標誌着綠色低碳發展已經成為人類的普遍共識，也意味着全球能源行業需要加速轉型以適應這一進程。新一輪能源大轉型的序幕正徐徐拉開。

　　與煤炭替代薪柴、油氣替代煤炭的兩次能源轉型相比，當前人類正在經歷的第三次能源轉型具有哪些顯著特徵呢？我認為有以下三個尤其值得關注的特徵。

　　首先是去碳化。在《巴黎協定》對碳預算強約束的背景下，全球能源消費越來越呈現出去碳化的特徵。風能和太陽能等「零碳能源」規模快速擴大，將日漸成為未來的主流能源。截至 2017 年底，全球可再生能源累計總裝機容量達 2195 吉瓦，約佔全球總發電裝機容量的 30%；可再生能源發電量達 6.21 萬億千瓦時，佔全球電力生產量的比例為 26.5%。在歐洲的部分國家，非水電可再生能源發電量佔總發電量的比例達到 30%～50%，甚至可以滿足 100% 瞬時用電需求。根據彭博新能源財經的預測，到 2050 年，風電和

太陽能發電的規模將佔全球發電規模的 50% 以上。

其次是去中心化。新一輪能源轉型中，全球能源供給方式將逐步從過去的以集中式供給為主，過渡到與太陽能、風能、生物質能等分佈式能源相結合。綜合能源服務的新業態正在全球各地蓬勃興起，這必將帶來能源生產和消費模式的重大調整。

最後是數字化。新一輪能源轉型恰逢數字化浪潮席捲全球，以「雲大物移智」（雲計算、大數據、物聯網、移動互聯網、人工智能）為代表的數字化技術創新，正給能源行業的發展帶來顛覆性的變革。近年來，「數字油田」「數字風場」「智能電網」「泛在電力物聯網」等能源領域的數字化實踐層出不窮，正極大地改變着能源生產和消費生態。

在新一輪全球能源轉型的大潮中，中國是積極的參與者和推動者。中國政府是《巴黎協定》的堅定踐行者，近年來通過大力推動能源生產和消費革命，為加速全球能源轉型做出了重要貢獻。例如，中國已成為全球最大的風能和太陽能電力生產國，以及全球電動汽車保有量最高的國家；中國用十幾年時間走過了西方 30 年的成品油質量升級歷程；天然氣被中國確立為主體能源之一，過去兩年的消費增速均超過15%，展現出驚人的「中國速度」。近年來中國整體能源環

境和質量的好轉與政府採取的舉措是分不開的。

　　看到成績的同時，我們也要清醒地認識到，能源轉型是一個長期而漸進的過程，尤其是中國作為一個後發國家，能源轉型面臨着更加艱巨的挑戰。例如，2018 年，中國經濟總量佔世界經濟總量的 15.9%，但能源消費總量卻佔世界能源消費總量的 24%，消費方式相對粗放，且未來能源消費仍將保持增長態勢，更多的能源消費與更低的碳排放量的矛盾將日益凸顯。此外，「一煤獨大」的能源消費結構短期內很難改變。日益攀升的油氣對外依存度也將給國家能源安全帶來很大的風險。

　　未來中國該如何走出一條具有特色的能源轉型之路？我認為，中國需要通過大力推進能源的減量革命、增量革命和效率革命，探索出一條油氣替代、可再生能源替代與能效提升齊頭並進的能源轉型之路，根本目標是為人民群眾提供更加穩定、綠色、經濟、便捷的高質量能源服務。這其中，以下四個方面的轉型措施尤為重要。

　　第一，大力推進煤炭清潔化利用。當前全球多個國家正在推進徹底的「去煤化」運動，但中國獨特的資源稟賦決定了煤炭在相當長時間內仍將是中國的主體能源之一。在煤炭短期內無法退出歷史舞台的情況下，實現煤炭全產業鏈的

清潔高效開發利用，包括推進煤礦的清潔高效開發、煤電的「近零碳排放」（未來還要考慮通過 CCS[1] 技術進行碳捕集）、發展特色煤化工技術等，尤為關鍵。而在華北等霧霾嚴重的地區，大幅減少散煤的使用更是當務之急。

　　第二，加大國內油氣勘探開發力度。中國石油和天然氣的一次能源消費佔比僅為 25% 左右，遠低於歐美發達國家的水平。油氣，特別是天然氣，作為相對優質、低碳、高效的能源，在中國仍有較大的發展空間。面對中國油氣對外依存度攀升的嚴峻形勢，我們一方面要加大資金的投入力度，推動油氣勘探從陸上走向海上、從常規走向非常規、從中淺層走向深層，着力增加本土油氣供應量；另一方面，我們也要強化國際合作，鼓勵中國的石油公司到海外進行油氣勘探開發，將權益油氣運回國內使用；同時應採取加大油氣資源儲備、加快石油天然氣交易中心建設等多種方式，確保油氣的穩定供應。

　　第三，大力發展可再生能源。儘管中國風能、太陽能發電裝機規模已是全球第一，但累計發電量佔全國電力消費的

1　Carbon Capture and Storage，碳捕集與封存，即從大型、穩定的二氧化碳排放源中分離、收集二氧化碳，並用各種方法儲存起來，以減少其向大氣排放的技術。

比例還不到 8%。中國電力企業聯合會預測，到 2050 年，風能、太陽能等可再生能源電力在中國電力體系中佔主導地位是極有可能實現的。另外，中國生物質資源可轉換為能源的潛力約為 4.6 億噸標準煤[1]，而目前利用量僅為 2200 萬噸標準煤，待開發利用的潛力同樣巨大。

　　第四，高度關注能效提升。能效提升被普遍認為是「第一能源」。有些歐洲國家，如丹麥，通過推廣熱電聯產、第四代區域供熱等技術創新，大幅提升能效，已基本實現經濟增長與能源消費的脫鈎。目前，中國的能源生產和消費模式還相對粗放，單位標準油[2]創造的國內生產總值（Gross Domestic Product，GDP）僅為美國、德國和日本的 50% 左右，提升能效的潛力巨大。有關機構預計，通過提升能效，中國完全有可能在同等能源消費規模下實現 GDP 的翻倍。

　　中國的能源轉型是一項史無前例的巨大工程，與每一個中國人都息息相關，不僅需要政府和企業界投入力量，所有中國人都應是這場大轉型的見證者、參與者和推動者。近期

---

1 標準煤是指經過國家專門機構認可的，具有高度均勻性、良好穩定性和準確量值的煤樣。
2 單位標準油是指 1 千克油當量的熱值，即 42.62 兆焦（MJ）。

收到胡森林先生等人新著的《神州脈動：能源革命改變中國》書稿，讀完之後感覺亮點頗多。這本書對中國能源行業發展的過去、現在和未來進行了深入思考，討論的範圍涵蓋了煤炭、油氣和電力等多個領域。全書視野宏闊，結構清晰，行文生動，既是一部具有專業眼光的新著作，也是一部具有較強可讀性的通俗讀物，相信對國人了解中國能源轉型進程具有較大的幫助，也將為致力於推進中國能源轉型的各界人士提供有益的借鑒。

　　作者希望我寫一篇序言，我結合自己對能源發展的一些想法，談了如上的觀點，是以為序。

中國工程院院士

對「能源之變」的觀察與描述

2019 年，新中國成立 70 周年，就在這一年，中國掀起勘探開發國內油氣的熱潮，「四個革命、一個合作」能源安全新戰略正在深入推進，新能源發展方興未艾……與此同時，國際能源市場也是風雲變幻，地緣政治、技術革命、氣候變化帶來的市場反應讓人目不暇接。

中共十九大報告指出，要「構建市場導向的綠色技術創新體系，發展綠色金融，壯大節能環保產業、清潔生產產業、清潔能源產業。推進能源生產和消費革命，構建清潔低碳、安全高效的能源體系」。這為新時代能源行業的發展指明了方向，提出了更高要求。當前，能源革命已經拉開大幕，成為能源發展的主旋律，深刻地改變着行業，改變着經濟，也改變着每個人周遭的很多事物。

能源是現代社會經濟發展的支柱，是重要的工業原材料和動力來源，也是大宗的國際貿易商品。經濟的發展離不開能源，每個行業的發展離不開能源，每個人的生活也都離不

開能源。但是長期以來，大眾對能源所知不多、所知不深，甚至還有很多誤解。從能源行業自身來說，確實需要從業者更多地講述自己，搭建與公眾溝通的橋樑。「科技改變中國」這一主題出版項目正好提供了極為難得的機會。

本書的主題是「能源革命改變中國」，它包含了兩個方面的含義：其一，能源曾經改變了什麼；其二，能源革命將會改變什麼。

能源帶來的改變是顯而易見的。我們翻閱任何一本能源史志、成就冊，都不難發現，過去幾十年，能源行業通過自身的發展，為經濟輸入動力，為工業提供「血液」，改變了中國的經濟面貌和國家地位，改變了工業經濟的整體實力，改變了社會的生產力水平。在社會經濟層面，能源主要為工業、交通、電力等領域提供原材料、動力和燃料。同時，在日常生活層面，利用石油、天然氣等重要的中間原料，產出了合成纖維、塗料、塑料等化工產品，也給我們帶來了便利和富足。當然，不能否認的是，由於中國的能源資源稟賦相對不足，能效水平依然低下，產業結構總體偏重，在經濟快速發展的過程中浪費了大量的能源，粗放和不科學的能源使用方式帶來了大量的環境污染問題。

中國經濟社會發展依然需要大量的能源供應來保障，而

人們對美好生活的嚮往也必然包含對更好的環境的期盼。這就需要在繼續大力發展能源行業的同時，提高能源資源的使用效率，減少因不當使用能源資源對環境所產生的負外部性影響。「能源革命將會改變什麼」這個問題的答案就是通過能源革命建立新的能源體系，提升能效，改變環境，進而改變產業經濟的面貌，改變人們的生活。而這一切，都在直接或間接地改變着中國。

可以説，能源過去改變了中國、現在改變着中國、將來還會繼續改變中國。而究其根本，在於中國本身也在改變，人們對能源的認識在改變，人們的觀念在更新，產業水平在提升。從總體上來説，改革開放以來，中國能源產業最大的改變，是從過去以滿足供應為主，轉變到追求結構優化、產業升級和技術進步，從此進入高質量的發展階段。

「能源之變」的產生和形成，是能源發展因應社會發展而變化的過程，是能源與社會互動的必然結果，它似乎是在不知不覺中發生的，但又無時無刻不在進行。這就是我們對於「能源革命改變中國」這一命題內涵的理解，也是本書主標題定為「神州脈動」的含義之所在。

寫作本書時讓人為難的是，能源行業具有龐大的體系，內容浩繁，門類眾多，70 年的發展歷程波瀾壯闊，發展成就

燦爛輝煌，遠遠不是一兩百頁的一本書所能容納的。本書的定位並不是一部完整的能源發展史，或者系統的能源知識介紹，而是面向大眾讀者的一本能源「深科普」讀物，所以我們只選取能源行業發展中的大事件、重要節點、突出特點、標誌性成果和重要趨勢加以講述，聚焦主題，對眾多的素材加以取捨，勾勒新中國成立特別是改革開放以來能源發展的基本軌跡，展望能源行業通過高質量發展通往未來的圖景，從中反映中國能源發展的大致進程，讓讀者對能源行業有一個結構性的認識與把握。

本書共十四章，分為「為中國經濟貢獻光和熱」「向高質量轉型」「通往美麗中國」三個部分，看起來有一種時間的邏輯在其中，大致對應中國能源行業發展的過去、現在和未來。但需要說明的是，全書並未完全採用線性的時間邏輯，而更像是一個個相對獨立的專題，每章所涉內容根據內容敍述的需要，會在時間上有適當的前後延伸，但總體上又能從中看出能源行業的演進。同時，本書以國際相關情況作為背景知識或者內容參照，聚焦於中國能源的發展情況。

本書由三位作者合作完成，其中第一、四、七、十三、十四章和結語由胡森林撰寫，第五、八、十一、十二章由林益楷撰寫，第二、三、六、九、十章由林火燦撰寫，胡森林

承擔了書稿的思路擬定、框架設計、總體統籌和後期統稿工作。在寫作時，我們希望做到這樣幾點：以思想性作為基礎，力求揭示能源革命的真實邏輯、路徑、本質、規律與趨勢，給人以思維的啟迪；以專業性作為保障，把握行業發展的主線和核心內容，使用權威資料，對相關問題有專業的判斷和分析；以可讀性作為追求，對專業內容做適當的大眾化的「轉譯」，使之符合一般讀者的閱讀期待，見物見事見人，夾敍夾議，總體寫意，局部工筆，在內容組織、語言風格、形式要素和行文節奏上下功夫，儘量做到讓本書通俗易讀，拉近讀者與能源行業的距離。

　　本書是「科技改變中國」這一主題出版項目中的一本，關於科技，這裏還想多説兩句。能源行業的發展與科技密切相關，這既是對技術很敏感的行業，又是科技成果的高產區，在科技方面有巨大的需求和潛力。過去幾十年，能源行業走過了一條學習西方、引進消化吸收再創新的道路，這也是中國科技發展的一個縮影。經過幾十年的努力，中國能源行業很多領域的常規技術現在已達到世界同等水平，但核心技術還有待突破，一些技術和裝備依然受制於人，需要引起高度關注。隨着技術變革帶來的能源變革和產業變革，未來能源行業的競爭力將主要依賴於技術進步和創新突破，這也

是中國需要大力發展和加強的方面。在一些關鍵技術領域，中國不能缺席，只有突破關鍵技術壁壘才能為提升能源行業未來的競爭力打下基礎。

　　我們期望這本書能引起大家對能源安全的關注、對能源轉型的關心和對能源科技的關切，這些事情看似離我們很遙遠，但歸根結底與每個人息息相關，需要更多的人了解、支持、參與和推動能源行業的變革，這也是涉及整個社會能源素養的重要部分。

　　以上所述就是作者承擔這一寫作任務的初衷，以及在一開始想說的一些話。

目　錄

第一部分

為中國經濟貢獻光和熱

　　中國能源行業一度把保障供給作為主要也幾乎是唯一的任務，努力為國民經濟增長提供足夠的能源動力。新中國成立以來，特別是改革開放以來，能源行業不辱使命，強有力地支撐了國家的經濟發展和現代化建設。

第一章

60 歲的大慶油田

引子

新中國成立 10 周年時，東北大地傳來喜訊，「鐵人」王進喜和他的夥伴們在松嫩平原上發現了特大油田。這個被命名為「大慶」的油田，從那時起就開始為國家汩汩流淌油流，時至今日原油年產量在國內依然領先。更為可貴的是，這裏孕育了寶貴的「大慶精神」和「鐵人精神」，成為工業領域乃至整個國家的一面旗幟，大慶苦難輝煌的歷史也是中國石油工業的一個縮影。了解中國石油工業，要從大慶開始。展望中國石油工業的未來，也離不開對大慶油田面臨的歷史與現實、希冀與失落、機遇與挑戰的關注。

　　60 年，對人生來說是一個甲子的風雨歷程，而對中國石油工業來說，則是記錄了半個多世紀拚搏與奮鬥、輝煌與榮光的不平凡的歷史。回溯 60 年前，我們無法忘懷那載入史冊的一頁：大慶油田的發現。

　　準確時間是 1959 年 9 月 26 日 16 時，地點是松嫩平原上一個叫「大同」的小鎮附近，一口名為「松基三井」的油井噴射出黑色油流，向世界宣告了大慶油田的存在。這時離新中國成立 10 周年大慶只有幾天時間，這也是石油人用自己的努力為國家獻上的最好禮物。

1.1　被改變的歷史

　　大慶油田的發現，不但讓這個地方成為中國工業史上最知名的地點之一，也由此改寫了中國石油工業的歷史，結束了中國的油荒歷史。

　　《大慶油田大事記》是從 1958 年開始記錄的，它起始於鄧小平的一個批示。1958 年 2 月 28 日，時任中共中央政治局常務委員、中央委員會總書記的鄧小平聽取了石油工業部關於尋找石油的彙報之後說：「對松遼、華北、華東、四川、鄂爾多斯五個地區，要好好花一番精力，研究考慮……把真正有

希望的地方，如東北、蘇北和四川這三塊搞出來，就很好。」

　　當時，年輕的共和國百廢待興，剛剛起步的國民經濟對石油資源供應的需求與日俱增。國家下了大力氣尋找石油資源，但擺在國人面前的現實卻不容樂觀：新中國成立初期，全國只有甘肅老君廟、新疆獨山子、陝西延長這三個小油田和四川石油溝、聖燈山兩個氣田，全國只有 8 台破舊的鑽機和 52 口油井。

　　石油勘探界有句名言：「油田首先是存在於勘探家的腦子裏。」意思是說，先要相信地底下有油，才能真正找到油。這並非唯心主義的論調，而是石油勘探必須基於對地質油藏理論的科學規律的認識才能有所作為。中國一度被認為是「貧油國」，不但外國人這麼認為，當時中國的地質學家們也大多持這種觀點。20 世紀 50 年代之前流行的地質理論認為：油氣是遠古時代海洋生物的屍體在高溫高壓下經過化學變化生成的，所以大型油氣田只能在海相地層中找到。而中國的東北、華北、西北地區恰恰屬於陸相地層，所以當時絕大多數學者認為中國油氣儲藏相當貧瘠。

　　為這一觀點提供佐證的一個事實是，從 20 世紀初開始，日本就依仗強大的軍事力量侵略中國東北，其侵略的重要目的之一就是尋找石油，但直到 1945 年日本投降時，也未在中國

的土地上找到石油。

　　與眾人的觀點不同的是，地質學家李四光和黃汲清則堅信中國遼闊的土地下一定蘊藏着豐富的石油。李四光是新中國的首任地質部部長，他根據大地構造條件和沉積條件，為中國的石油勘探劃定了一個大的區域。1953年底，他向毛澤東、劉少奇和朱德等領導人彙報：「我國油氣資源蘊藏量豐富。」這給了高層決策者很大的希望。黃汲清則提出了著名的「陸相生油」理論，正是在這一理論的直接指導下，大慶油田被發現了。

　　信心和努力終於換來了回報。新中國成立10周年大慶的前夕，勘探隊發現了大油田。時任黑龍江省委第一書記的歐陽欽興奮之餘，提議將油田所在地大同鎮改名為「大慶鎮」，以慶祝中華人民共和國成立10周年。[1]接下來，石油工業部將這個新發現的油田定名為「大慶油田」。當時任石油工業部部長的余秋里聽說松遼出油的大同鎮改叫「大慶」時，高興地說：「好啊！大慶好啊！以後我們要把這個名字標在地圖上！」大慶油

1　參見網易號「礦材網」2019年3月12日的文章《新中國第一油田——大慶油田的前世今生》。

田的發現為中國石油工業發展史樹立了重要的里程碑。「大慶」這個源於石油、取之國慶的名字，從此叫響全國，傳揚世界。

小檔案

日本人「錯失」大慶油田

1928 年初，各方盛傳在我國東北發現了出產石油的跡象，於是日本人想要在這一地區尋找石油。1929 年春，日本人與蘇聯人在當地向導的帶領下，帶着 20 匹騾馬沿東清鐵路（即中東鐵路）到牡丹江上游的森林地帶尋找石油，經過兩個多月的勘探，無功而返。

1930 年 4 月，經過在美國駐哈爾濱領事館工作的托里斯基（美籍蘇裔）的指點，日本人新帶國太郎一行人乘火車前往滿洲里的札賚諾爾煤礦，第二次尋找石油。他們將採集的礦樣帶往大連化驗分析，斷定樣品中含有石油瀝青。

「九一八」事變後，東北三省淪陷，日本人在資源調查上更加明目張膽。有一個名為「滿鐵調查部」的機構，它的探礦隊就像過篦子一樣在東北大地上肆無忌憚地尋找戰略資源，石油是其主要目標。根據所謂的「海底腐泥起源說」，日本將找油重點放在了遼寧南部地區，原因是那裏比

較靠近海邊。因當時的鑽探技術能達到的深度不夠，日本人並未發現位於此地的遼河油田。

　　而位於松嫩平原中部的大慶是典型的陸相沉積構造，理論上是「貧油」地區，故不是日本人找油的重點地段。後來，日本人動用了大量的人力、物力、財力，最終也未能找到真正的油田。

1.2　一個閃光的名字

　　大慶油田位於黑龍江省中西部，松嫩平原北部，以前這裏是一望無際的大草原。清光緒二十三年（1897 年）修建中東鐵路時，在這裏建立了薩爾圖站（即現在的大慶站）。之後清政府開始放荒招墾，這裏才漸有人煙。

　　大慶油田 1959 年被發現，1960 年投入建設。以「鐵人」王進喜為代表的老一輩石油人，在極其困難的條件下，自力更生、艱苦奮鬥，僅用三年時間就建成了大慶油田。

　　1963 年 12 月 4 日，新華社播發《第二屆全國人民代表大會第四次會議新聞公報》，首次向世界宣告：「我國需要的石油，過去絕大部分依靠進口，現在已經可以基本自給了。」中國人使用「洋油」的時代一去不復返，中國石油工業從此走進了歷史新紀元，中國徹底甩掉了「貧油」的帽子。

　　開發建設 60 年來，大慶油田走過了不平凡的歷程，創造了中國石油乃至整個工業戰線的「三個第一」：原油產量第一，上繳利稅第一，原油採收率第一。1976 年，大慶油田原油年產量首次突破 5000 萬噸大關，進入世界特大型油田的行列。1978 年，全國原油年總產量突破 1 億噸，中國從此進入世界產油大國行列。這一年改革開放開始了，中國的經濟發展有了石油作為「血液」保障。年產 5000 萬噸的紀錄，大慶人奇跡般地保持了 27 年。直至近年，大慶油田的油氣產量也依然保持在 3000 萬～4000 萬噸的水平，見圖 1-1。可以說，大慶油田的穩產、高產支撐着國家經濟的穩步發展和高速前行。

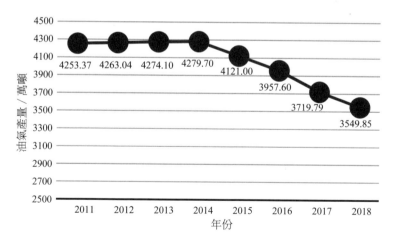

圖 1-1　大慶油田近 8 年的油氣產量圖

資料來源：中國石油大慶油田有限責任公司官網

20 世紀 60 年代初，為甩掉貧油國的帽子，從全國各地匯聚到大慶的石油職工，以空前高漲的愛國熱情和創業幹勁，迅速推動石油大會戰。那時的大慶到處是沼澤地、蘆葦蕩與草甸子，工人們只能住在活動板房、地窖子和一種叫作「乾打壘」的簡陋建築裏，雖然生活條件十分惡劣，他們依然戰鬥力十足。「先生產，後生活」是當時的主調，「革命加拚命」的豪邁氣勢充分體現了那個時代特有的氛圍。

在科學技術落後和管理手段匱乏的年代，僅靠制度管理龐大的石油系統是不夠的，榜樣和道德的力量備受推崇，「鐵人」王進喜就是其中的突出代表。這位闖將在玉門油田時就帶領鑽井隊創造了當時全國月鑽井進尺的最高紀錄。東北石油大會戰打響後，他帶領 1205 鑽井隊於 1960 年馳援大慶。

王進喜和他的 1205 鑽井隊在極其困難的情況下打出了油田的第一口井。當井場遭遇井下事故，要用水泥而又沒有攪拌機時，王進喜不顧冬季零下 30℃ 的嚴寒，縱身一躍跳下泥漿池，用身體攪拌泥漿（見圖 1-2）。歷史永遠記住了那一幕，那是中華民族精神的高光時刻。

1964 年底，第三屆全國人民代表大會第一次會議在人民大會堂召開的時候，王進喜代表全國工人發言。他朗誦了自己的一首短詩：「石油工人一聲吼，地球也要抖三抖。石油工人

圖 1-2
「鐵人」王進喜用
身體攪拌泥漿
圖片來源：新華社

幹勁大，天大的困難也不怕！」整個人民大會堂掌聲雷動，經久不息……

　　「這困難，那困難，國家缺油是最大的困難！」「寧可少活二十年，拚命也要拿下大油田！」「有條件要上，沒有條件創造條件也要上！」這是那個時代的石油人用意志和信仰戰勝困難的精神表達，今天依舊在我們的心靈深處震盪不已。「愛國、敬業、求實、奉獻」，這些精神能量先是融入了大慶人的血液裏，繼而融入了石油這一「工業血液」中，接着源源不斷地輸入共和國日益強健的軀體。1977 年，全國工業學大慶會議先後在大慶和北京召開，全國掀起了學習大慶精神的浪潮。

　　1970 年，王進喜病逝，年僅 47 歲。人們並沒有忘記他。如今，在位於大慶的鐵人紀念館裏，常會出現來自全國各地的石油人，還有從大洋彼岸千里迢迢而來的客人，他們希望在大慶探尋能源「密碼」。世界能源領域的知名專家丹尼爾‧耶金到中國石油天然氣集團有限公司（以下簡稱中石油）訪問時，專門提出要和王進喜的雕像合影，還在自己的書中不吝筆墨，描繪這位石油英雄。在他看來，中國人正是憑着「石油精神」，才成功開發出大慶等油田，滿足了中國經濟發展對石油的需求，這是中國石油工業苦難又輝煌的發展史。

　　2016 年 6 月，習近平做出重要批示，要求大力弘揚以「苦幹實幹」「三老四嚴」為核心的石油精神。這在石油戰線上激盪起了有力的迴響。無論時代如何變遷，這種精神都會永不褪色，從某種意義上講，它早已不局限於一個行業，而是融入了民族的集體記憶和精神源流當中，並在新的時代中被不斷賦予着新的內涵。

　　1964 年 3 月中旬，著名音樂家、瀋陽音樂學院院長李劫夫接到中國音協的通知，在 3 月 20 日到黑龍江省薩爾圖報到。由於體弱多病，李劫夫帶着一位名叫秦詠誠的年輕人一同前往。那時他們還不知道將要去的地方就是著名的大慶油田。

　　到大慶以後，他們才知道此行的任務是為石油工人寫一首歌。隨後他們用了整整十天的時間了解石油行業的知識，然後被安排下基層體驗生活。他們所去的 1205 鑽井隊就是「王鐵人」當隊長的鑽井隊。在那兒待了三天後，他們被感動和震撼了，強烈的情緒在內心湧動。秦詠誠在一堆歌詞中翻到了薛柱國寫的《我為祖國獻石油》，他越看越喜歡，腦海裏浮現出在鑽井隊看到的情景和石油工人們那淳樸的臉龐，數不清的音符開始在眼前跳動。只用了 20 分鐘，他就譜出了曲子。

小檔案

《我為祖國獻石油》歌詞

錦繡河山美如畫	崑崙山下送晚霞
祖國建設跨駿馬	天不怕　地不怕
我當個石油工人多榮耀	風雪雷電任隨它
頭戴鋁盔走天涯	我為祖國獻石油
頭頂天山鵝毛雪	哪裏有石油
面對戈壁大風沙	哪裏就是我的家
嘉陵江邊迎朝陽	

紅旗飄飄映彩霞　　　祖國盛開石油花

英雄揚鞭催戰馬　　　天不怕　地不怕

我當個石油工人多榮耀　放眼世界雄心大

頭戴鋁盔走天涯　　　我為祖國獻石油

茫茫草原立井架　　　石油滾滾流

雲霧深處把井打　　　我的心裏樂開了花

地下原油見青天

很少有一首歌像《我為祖國獻石油》這樣，能成為一個行業的精神圖騰。伴隨着石油工人在全國各地找油的步伐，這豪邁強勁的旋律飄蕩在從大慶到四川盆地、從玉門到大海之濱的無數地方。時至今日它依然是經久傳唱的經典。

1.3　不斷延續的青春

一般油田的開採高峰只能維持一段時間，之後產量就會遞減。就像人一樣，油田也有它的少年期、壯年期和老年期。在全球石油工業史上，像大慶油田這樣能這麼多年穩產、高產的油田，實屬罕見。

整個石油開採系統是一個看不見、摸不着的「黑箱」。

一口井打到底,通常有上百個含油的砂巖層,最厚的達 20
米,最薄的僅 0.2 米。石油人的工作對象就在這地下的巖層
中 —— 那裏被他們形象地稱為「地宮」。如何保證油井準
確打入有開採價值的油層?怎樣確定對不同性質的油層採取
相應的配套技術?在開採的過程中,怎樣隨時掌握油層的變
化以改進和完善工藝?所有這一切問題,唯有通過可靠的數
據,通過一系列反覆試驗才能找到答案。這些都離不開科學
求實的精神。

早在 1964 年,大慶就在全國率先提出了向科學進軍的口
號。石油是不可再生能源,要多開採地下的石油,就得想方設
法提高已開發油田的採收率。大慶油田自 20 世紀 70 年代就開
始了這方面的研究和實踐,自 2013 年以來已經成功應用了聚
合物驅油技術。大慶人還首創了一種更大幅度提高原油採收率
的技術 —— 泡沫復合驅油,僅大慶油田適用該技術的地質儲
量就達近 20 億噸。

大慶油田是世界上為數不多的特大型陸相砂巖油田之
一,很長一段時間裏,它都是中國原油年產量最高的油田。但
經過幾十年的開採,大慶油田進入了開發後期高含水階段,
油田綜合含水率已高達 90%,油田開發難度超過了以往任何時
期。如果大慶油田在高含水階段繼續維持年產 5000 萬噸的規

模，不僅地面設施無法適應，還需要大量增加新的投入，成本
將大幅度提高，從而導致效益下滑。

與國家提倡的科學發展觀相同步，在新世紀，大慶人賦
予了「鐵人精神」新的內涵。2003 年，大慶油田提出「創建
百年油田」的戰略目標，圍繞這個戰略目標展開的第一項戰略
行動，就是對原油產量進行戰略性調整，年產量首次下調到
5000 萬噸以下。此後在原油年產量 5000 萬噸穩產 27 年的基礎
上，又實現了連續 12 年原油年產量 4000 萬噸的高產、穩產。

任何一個油田都會從巔峰緩慢下行，這是無法違抗的自
然規律。2015 年，大慶首次將年產量減到 4000 萬噸以下，根
據既定安排，到 2020 年將調減至 3200 萬噸，年均減幅踰 130
萬噸。2018 年，風雲變幻的國際形勢讓國際原油市場動盪不
斷，暢通無阻的國際原油通道一度陰雲密佈，國內油田再次承
擔起了增儲上產、保障國家能源安全的重任，將近 60 歲的大
慶油田征程未竟，馬不卸鞍。

在大慶之外的其他地方，從陸地到海洋，中國的石油工
作者也發現了很多石油儲藏，建設了一批油田。中國油氣產量
一路增長，直至達到年產量 2 億噸左右的平台期。但經濟快速
發展帶來的能源消費增長更快。供給與需求兩條曲線相交於
1993 年，這一年開始，中國成為原油淨進口國。此後原油對
外依存度不斷攀升，至今已突破 70% 的警戒線。中國近 10 年

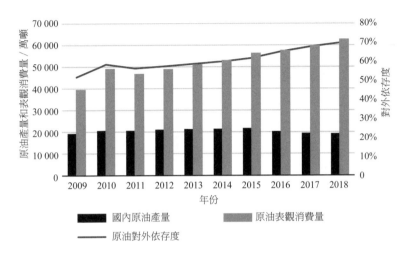

圖 1-3　中國近 10 年的原油產量、表觀消費量及對外依存度示意圖
根據中國石油集團經濟技術研究院歷年發佈的國內外油氣行業發展報告整理

的原油產量、表觀消費量[1]及對外依存度見圖 1-3。回望這一段
過去，我們或許才會明白，我們擁有保持了如此之長的壯年期
的大慶油田，是多麼幸運。

1.4　鳳凰涅槃

　　大慶歷久彌新的發展史昭示着它的貢獻，但一些跡象也

1　表觀消費量＝當年的產量＋淨進口量。

無聲地提醒着人們，它也在悄然地衰老。這是人力無法違抗的自然規律。

　　新中國成立以來，全國各地發現了不少油田，大大小小的石油城市有 20 多座。經過幾十年的開發，大部分油田已進入壯年期和老年期，逐漸步入衰退階段。如果石油之城沒有了石油的支撐，那麼轉型就勢在必行。然而轉型談何容易，由歷史原因和資源依賴造成的產業結構偏重、接續產業弱小、自然環境惡化和社會功能欠缺等情況，加上人才流失嚴重，這些問題都成為制約這些城市發展的瓶頸。

　　放眼世界，並非沒有資源型城市轉型成功的先例，甚至不乏鳳凰涅槃的典範，如德國煤都鋼城魯爾工業區所在的諸多城市，美國鋼城匹茲堡、石油城休斯敦等。其中休斯敦的轉型最具代表性，這座以石油起家的「世界能源之都」經過多年產業結構調整，目前已成為美國的大貿易港、美國南部地區最大的國際航空港、美國石油化工工業中心和全球著名的太空城。

　　儘管大慶目前仍然擁有較高的油氣產量和可觀的利潤產值，並沒有到生死存亡的關口，但不斷衰減的油氣產量還是讓這座城市充滿了危機感。玉門等石油城市的艱難「重生」，也讓大慶有着切膚之痛。與各大石油城市在做着轉型的努力和嘗試一樣，中年的大慶也在積極謀求新的出路。

近年來，大慶的轉型取得了一些可喜的進展，原油進口、化工和汽車製造成為其轉型的三駕馬車。毗鄰俄羅斯的獨特地理位置，使大慶具有作為陸上原油進口通道的重要優勢；化工是石油產業鏈的自然延伸；而在汽車製造產業方面，大慶與吉利合作，設立了沃爾沃整車生產基地，2017 年實現了 12 萬輛的年產量，並帶動了一大批配套產業落戶。

但挑戰依然嚴峻，而且並非只來自產業發展，也來自人的觀念和管理體系的轉變。傳統的石油基地承載着數百萬石油工人的工作、生活與未來。油田起初都是建在偏僻的野外，為了滿足職工的生活需要，往往就近建起配套的生活設施和保障體系，學校、醫院、郵局、商場、電影院等設施一應俱全，在很長一段時間內實行類似配給制的福利制度。[1] 在石油工業激情迸射、高歌猛進的年代，石油人雖然工作辛苦，但這樣的配置讓他們依然保持着特有的優越感。

隨着高油價的結束和市場經濟改革的深入推進，一些被掩蓋的問題開始浮現。表面上看，石油城市因資源枯竭而衰老，然而結構性困局才是癥結所在。改革已迫在眉睫，而改

1　參見和訊網 2019 年 1 月 11 日的文章《石油風雲 40 年》（作者白羽）。

革又並不是快刀斬亂麻那麼簡單，其中充滿了情感的糾葛、歷史的考量和利益的平衡。「三供一業」分離移交、專業化重組、清理虧損企業、改革人事制度等各種舉措，在大慶這樣的傳統石油城市內部不斷推進，雖然都是必要之舉，但每一次改革都會有一批人的命運發生轉折，這也讓改革推進者慎之又慎。

可以預見的是，在很長一段時間內，石油作為這個星球上的主體能源的地位仍然難以動搖。但大慶還能再繼續生產60 年嗎？ 60 年後的世界能源格局會是什麼樣的？這些問題都是我們目前還無法明確回答的。整個石油工業系統如何為國家提供更加安全的能源保障，並提前謀劃，為將來的可持續發展做必要的準備？隨着產業的轉型以及人工智能技術的運用，數百萬的普通石油工人的命運又將如何？一座座大慶這樣的石油之城，如何經歷陣痛後實現蝶變，鳳凰涅槃？這是擺在大慶油田乃至整個中國石油工業面前的課題。

本章參考文獻

[1] 王昆 . 大慶油田五十年文史資料彙編 [M]. 北京：石油工業出版社，2009.

第二章
電力點亮中國

引子

回首過去，中國電力行業走過了波瀾壯闊的 70 年，從弱小走向強大，從供不應求邁向供應充分甚至過剩，從單一的「水火並舉」發展到多元化供給。改革使電力行業不斷釋放活力，三峽電站等一批重大工程成為中國工業界的「名片」，特高壓輸電技術冠絕全球。中國電力在為經濟社會健康發展提供有力支撐的同時，也在世界電力工業發展史上書寫了一段傳奇。面向未來，電力行業邁上了高質量發展的新征程。

「樓上樓下，電燈電話」，這句話曾經承載着一代人對美好生活的嚮往和期盼。在新中國成立後很長一段歲月裏，許多百姓住着破舊的平房，點着煤油燈，天一黑就只能睡覺，至於電燈、電話，見都沒見過。

通電，在那個年代是許多人的夢想。經過改革開放 40 多年的發展，呈現在我們眼前的已經是另一幅畫面：每當夜幕降臨，一盞盞路燈次第亮起，照亮了馬路，照亮了街道；萬家燈火，照亮了行人回家的路，也溫暖了人們的心。星羅棋佈的農村也已經徹底告別盼電、缺電的艱難歲月。人們生活中曾經不可或缺的煤油燈早已被請進歷史博物館。

2.1 從「無電生活」起步

「耕地靠牛、照明靠油、用水靠挑、碾米靠推」，這是對改革開放以前中國廣大農民「無電生活」的真實描述。

那段時間，國內電力供應非常緊張，很多地區都通過採取輪流供電的方式解決電力緊張的問題。在城市中，許多家庭只有一兩盞低瓦數的電燈。農村地區尤其是偏遠山村，根本無法觸及電力帶來的文明之光。夜幕降臨時，農村家庭能點上自製的煤油燈（見圖 2-1），已經是一件值得驕傲的事情 —— 還

圖 2-1
老百姓自製的煤
油燈
劉彬／攝

有不少家庭連煤油燈都點不起。

在那個年代，工業用電同樣很難得到充分滿足，直到改革開放初期，這種情況依然沒有明顯改觀。

中國社會科學院工業經濟研究所研究員白玫在一篇文章中寫道：「1978 年，電力供應不能滿足國民經濟發展的需要，工業企業生產能力不能充分發揮。由於缺電，發電設備超負荷使用，電力設備超常規使用。由於缺電，現有輸變電能力嚴重不足，幾十萬千瓦發電能力送不出去，同時由於線路過負荷、電壓低，輸配線損巨大，年損失電量幾十億千瓦時。」可見，當時電力供應的短缺是一個系統性的問題。

由於缺電，政府對電力工業的管制趨於統一和嚴格，採取了「計劃用電、輪流停電」的干預性政策。1979 年 2 月，國務院決定撤銷水利電力部，成立電力工業部和水利部，這是

中國第二次成立電力工業部。同年 5 月，國務院批轉電力工業
部《關於貫徹執行「調整、改革、整頓、提高」方針的實施方
案》，明確跨省區的和一個省區範圍內的電網，由電力工業部
統一管理，電力由國家統一分配供應。

為落實國務院這一批示精神，電力工業部着手組建華
北、西北、華中、西南電業管理局，與原有的華東、東北電
業管理局共同組成六個大區電業管理局。經過兩年多的努
力，電力工業部完成了對全國主要電網、主要省（區、市）
的統一管理。

1982 年，水利部和電力工業部第二次合併成立水利電力
部，1988 年國務院撤銷水利電力部成立能源部和水利部，至
此，中國開始探索將電力工業的行政管理、企業管理和行業自
律性管理職能初步分開，大區和省電業管理局公司化改組啟動
實施，一批大型電力企業集團陸續成立。1997 年 1 月，根據
國務院要求，國家電力公司正式組建成立。

「電力」剛開始走進城市家庭時，用電並不便宜。為了節
省電費，多數家庭只安裝一隻 15 瓦的燈泡，儘管光線泛黃，
但已彌足珍貴，很多家庭只有在一些重要時刻才會開燈。

在那個年代，煤油燈、蠟燭並沒有因為電燈的出現而迅
速「下崗」，而是繼續在家庭的生活照明中扮演着重要的角

色。這是因為當年的電力供應特別是生活用電供應，和金庸武俠小說裏段譽的「六脈神劍」一樣不靠譜——說停電就停電。許多 70 後、80 後也許還有印象，當時家長催孩子抓緊時間寫作業的理由往往是「晚上要停電了」。

　　為了解決電力供給嚴重不足的問題，國家採取了許多措施，例如「因地制宜、水火並舉」「大力發展水電和煤電」。可以說，這些政策舉措很合時宜，客觀上成為推動電力工業較快發展的重要動力。不過，在經濟社會快速發展的背景下，電力供給始終無法彌補需求側快速增長帶來的巨大缺口。

　　相關資料顯示，從 1978 年到 1984 年，中國發電裝機容量和發電量由 5712 萬千瓦和 2566 億千瓦時分別增長到 8012 萬千瓦和 3770 億千瓦時，年均增速遠低於同期 GDP 年均增速。電力工業的發展速度遠遠慢於同期經濟的發展速度，電力對經濟社會發展的支撐能力明顯偏弱，甚至在一定程度上對經濟社會的快速發展形成掣肘。

　　在 20 世紀 90 年代，為加快推動電力工業的發展，電力工業領域的改革步伐從未停歇過。1995 年 12 月 28 日第八屆全國人民代表大會常務委員會第十七次會議通過了《中華人民共和國電力法》，以法律形式規定了中國的電力工業體制模式，為 2002 年後實施「廠網分開」改革提供了法律依據。

2002 年 4 月，國務院公佈了《電力體制改革方案》（業內稱為 5 號文），國家電力公司拆分為兩大電網公司、五大發電集團和四大電力輔業集團。其中，兩大電網公司分別是國家電網有限公司和中國南方電網有限責任公司；五大發電集團分別為中國華能集團有限公司、中國大唐集團有限公司、中國華電集團有限公司、中國國電集團公司和國家電力投資集團有限公司；四大電力輔業集團分別是中國電力工程顧問集團公司、中國水電工程顧問集團有限公司、中國水利水電建設集團公司和中國葛洲壩集團公司。

此後，隨着投資體制改革、市場化改革等各項改革措施的持續推進，電力工業逐步走上了發展的「快車道」。到 2018 年底，中國總發電裝機容量為 19.0 億千瓦，同比增長 6.5%，是 1984 年發電裝機容量的 23.7 倍，其中水電、火電、風電、太陽能發電裝機規模均居世界首位。

農村地區的電力供給能力也逐步得到加強。1994 年，電力扶貧共富工程開始實施。此後，國家又多次安排財政資金用於農村電力建設。隨着太陽能、風能等清潔電能進入千家萬戶，農村和偏遠地區的用電條件得到了極大的改善。農網改造、「光明工程」等項目的實施，點亮了電網難以延伸到的偏遠山區和農牧區全面發展的希望之燈。

　　需要看到的是，隨着人們對電力的依賴越來越重，一旦電力供給出現任何一點「風吹草動」，就有可能給經濟社會發展帶來極大的擾動。以 2008 年 1～2 月中國南方地區遭遇的 50 年一遇的嚴重低溫、雨雪、冰凍災害為例，中國中東部地區輸電線路覆冰的設計標準一般為可抵抗 30 年一遇的自然災害，電力線路可承受 15～30 毫米的覆冰。但在那場雨雪冰凍災害中，電網受損嚴重的地區覆冰厚度普遍超過 30 毫米，很多地區甚至達到 50 毫米以上，不少地區電線的覆冰厚度突破歷史極值。受此影響，電網安全受到了極其嚴重的威脅，部分地區出現電力設備掉閘、杆塔折倒斷線和拉閘限電的情況。

　　資料顯示，在那場災害中，國家電網公司系統所轄設施由於覆冰造成高壓線路杆塔倒塌 17.2 萬基，受損 1.2 萬基；低壓線路倒塔斷杆 51.9 萬基，受損線路 15.3 萬千米；各級電壓等級線路停運 15.3 萬條，變電站停運 884 座。南方電網公司系統所轄設施杆塔損毀 12 萬基，受損線路 7000 多條，變電站停運 859 座。這樣一場突如其來的氣象災害，對於全國電力系統的廣大幹部職工也是一場極其嚴峻的考驗。2008 年 2 月 2 日《經濟日報》第一版刊發的一張照片（見圖 2-2），清晰地記錄了當時電力工人冒着嚴寒搶修線路的畫面。這樣的場景在南方許多地區都上演過。經過一個多月的不懈努力，在廣大電力系

圖 2-2　2008 年底南方遭遇嚴重雨雪冰凍災害，在重慶市永川區，電力員工正在荼山竹海 10 千伏萱荼線 67 號杆搶修線路
圖片來源：《經濟日報》2008 年 2 月 2 日第一版，陳仕川／攝

統幹部職工付出了汗水、鮮血甚至生命的代價後，受災電網才恢復正常。

　　事實上，無論是日常的管理運維，還是突發情況的應急處理，在保障電力穩定供應的背後，都有着無數電力工人的艱辛付出。對於經濟社會的平穩健康發展，他們功不可沒。

2.2　多元電力格局

　　長期以來，火電和水電一直佔據着中國電力供應的頭兩

把交椅，是支撐經濟社會發展的重要功臣。

1978 年，中國發電裝機容量中，水電和火電各佔 30.3%和 69.7%；全國發電量中，水電和火電各佔 17.4% 和 82.6%。

改革開放之前，儘管「水火並舉」，但電力供應水平與經濟社會快速發展的需求明顯不匹配，這也導致電力供應十分緊張，使其成為制約國民經濟發展的主要瓶頸之一。

當年電力工業發展落後，既有發展基礎和發展階段的問題，也和計劃經濟的運行機制密切相關。

新中國成立以來，中國的基本建設投資長期實行國家統一管理的制度，即建設計劃由國家統一下達，建設投資由國家統一分配，建設資金由財政撥款無償使用，實行統收統支。在「一窮二白」的背景下，這種吃「大鍋飯」的體制有利於國家集中資源和力量辦大事，確保重點工程項目建設，但客觀上卻不利於投資效率的提升。

1979 年，國家實施「撥改貸」[1] 改革試點，水電率先使用銀行貸款，改變了水電建設依賴財政撥款的局面，走出了拓寬

---

1 「撥改貸」是我國固定資產投資管理體制的一項重要改革，是指我國
　基本建設投資由財政無償撥款，改為通過中國人民建設銀行以貸款
　方式提供的制度。1979 年，「撥改貸」首先在北京、上海和廣東進
　行試點。

建設資金渠道的第一步。從 20 世紀 80 年代起，中國電力工業就開始進行體制改革，以期加快推動各類資本的參與。

1984 年，乘着改革的東風，魯布革水電站作為引進外資的試點，建立業主、工程師、承包商三方並列的國際項目管理模式，取代原來長期採用的行政管理模式，拉開了水電工程建設改革的序幕。

魯布革水電站是中國第一個利用世界銀行貸款的基本建設項目。這一引進外資的試點項目的成功實踐，對中國基本建設行業的改革起到了積極的示範作用。隨後，廣蓄、巖灘、漫灣、水口及隔河巖五個百萬千瓦級水電站紛紛實行了業主負責制、招標承包制和建設監理制，在工期、質量、造價等方面取得了公認的成績和進步。這五個百萬千瓦級水電站建成後，被業內譽為「五朵金花」。

1985 年，中國又出台相關政策，對集資新建的電力項目按還本付息的原則核定電價水平，打破了單一的電價模式，培育了按照市場規律定價的機制。

可以說，無論是投融資機制改革還是電力價格改革，都是從體制機制層面對電力工業進行鬆綁，極大地激發了電力投資的積極性，為電力工業的快速發展注入了強勁的動力。

先看火電。改革開放初期，中國只有少量 20 萬千瓦的發

電機組，而目前已形成以 30 萬千瓦、60 萬千瓦、100 萬千瓦的大型國產發電機組為主力機組的發電系統。單機 30 萬千瓦及以上火電機組比例由 1995 年的 27.8% 增長至 2017 年的 80%以上。截至 2018 年底，中國火電裝機容量為 11.4 億千瓦（見圖 2-3）；發電量為 4.92 萬億千瓦時，佔總發電量（6.99 萬億千瓦時）的 70.4%。

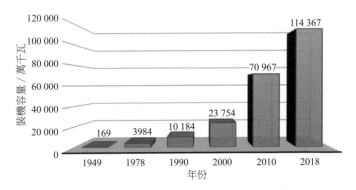

圖 2-3　中國火電裝機容量
根據中國電力企業聯合會及中國統計年鑒的公開數據整理

　　水電也是電力供給的重要力量。中國河流眾多，徑流豐沛，落差巨大，水能資源非常豐富，發展水電具有得天獨厚的優勢。水電是技術可靠、運行靈活的清潔低碳可再生能源，發展水力發電，同時也將帶來防洪、供水、航運、灌溉等綜合效益。

　　新中國成立之初，中國水電的基礎十分薄弱，技術力量嚴重不足。十一屆三中全會以後，國家提出大力發展水電事業、建設十大水電能源基地的戰略設想，並優先選擇條件優越的河段開發建設，大型抽水蓄能電站的建設從此起步。

　　2018 年，中國水電裝機容量達到 3.5 億千瓦（見圖 2-4），水電發電量達 1.23 萬億千瓦時，佔總發電量的 17.6%。中國還建成投產了一批高水平大壩工程，包括三峽、龍灘、錦屏一級、溪洛渡、小灣等混凝土壩和糯扎渡、水布埡、瀑布溝等當地材料壩[1]，成功解決了「高水頭、大流量、窄河谷」的泄洪消能關鍵技術問題。

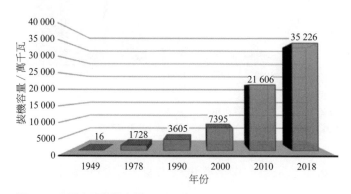

圖 2-4　中國水電裝機容量
根據中國電力企業聯合會及中國統計年鑒的公開數據整理

1　當地材料壩即以壩址附近材料為主建成的攔河壩。常見的是以當地黏性土、非黏性土以及石料為主填築的土石壩，如土壩、堆石壩、土石混合壩、乾砌石壩等。

在中國，風電是繼火電、水電之後的第三大電力能源。21 世紀的前 10 年，中國風電發展總體上處在低位蓄積能量階段。自 2008 年以來，中國風電產業的發展突飛猛進；2009 年，風電的裝機容量名列世界第二；2010 年，中國成為全球風電裝機容量最大的國家。經過短短十餘年的發展，中國風電產業已經實現了從緩慢起步到跨越式發展，再到日臻成熟的多重跨越。可以說，中國風電產業已經跨過了追求規模數量的發展階段，躍升進入追求更高發展質量的階段。

根據中國電力企業聯合會公佈的信息，2018 年，中國新增併網風電裝機容量 2059 萬千瓦，累計併網裝機容量達到 1.8 億千瓦，佔總發電裝機容量的 9.5%。2018 年中國風電發電量為 3660 億千瓦時，佔總發電量的 5.2%，全國風電平均利用小時數增加的同時，「棄風」[1] 限電狀況明顯緩解。

截至 2018 年底，中國太陽能發電裝機容量達 1.74 億千瓦，同比增長 34%，位居全球第一。2018 年中國太陽能發電量共計 1775 億千瓦時，同比增長 50%；平均

1　棄風，是指風機處於正常情況下，由於當地電網接納能力不足，風電場建設工期不匹配，以及風力發電不穩定，部分風電場的風機暫停的情況。類似的，棄光是指因光伏系統併網、發電功率受環境影響，放棄所發的電的情況。

利用小時數為 1115 小時，同比增加 37 小時。令人可喜的是，
在裝機規模擴大、發電量增加的背景下，「棄光」電量和棄光
率實現「雙降」。

2.3　向改革要「電力」

　　針對改革開放初期中國電力供給短缺現象日益嚴重的困
局，一場旨在為電力行業發展鬆綁的改革悄然拉開序幕。

　　根據白玫研究員的研究，中國電力體制改革始於 20 世紀
80 年代，改革的目標是解決電力工業投資嚴重不足的問題，
加速電源建設。正如前文所述，中國電力體制的改革首先是在
電力投資與電力價格方面發力，努力放鬆電廠建設投資管制和
電價管制。

　　這一改革也確實收到了實效。白玫認為，自 1985 年到
1996 年，通過電力投資體制改革，財政以外的投資總量迅速
擴大，60% 以上的電力投資來自非財政資金。隨着大量社會資
本的進入，中國電力裝機容量、發電量均迅速增加。

　　從另一個角度看，隨着改革的推進，發電環節的壟斷逐
步被打破，發電主體也實現了多樣化。中共十四大提出中國經
濟體制改革的目標是建立社會主義市場經濟體制以後，電力體

制改革的思路和方案逐步清晰，電力行業開始了市場化改革的初步探索。

1997 年 1 月 16 日，國家電力公司正式成立，電力工業部所屬的企事業單位劃歸國家電力公司管理。1998 年 3 月，電力工業部撤銷，國家電力公司作為國務院出資的企業單獨運營，標誌着中國電力工業管理體制由計劃經濟向社會主義市場經濟轉變、電力部門實現政企分開的歷史性轉折的到來。

在中國電力行業市場化改革發展中具有里程碑意義的事件，當屬 2002 年國務院公佈的《電力體制改革方案》。根據該方案，中國電力體制改革的任務是「廠網分開、主輔分離、輸配分開、競價上網」。這一方案為此後十餘年電力行業的市場化改革指明了方向。

電力行業隨着市場化改革的提速，加速破除了獨家辦電的體制束縛，從根本上改變了指令性計劃體制，解決了政企不分、廠網不分等問題。發電側引入了競爭機制，國家電力公司也被拆分為兩大電網公司、五大發電集團和四大電力輔業集團，電力市場主體多元化競爭格局初步形成，市場監管也實現了「監營分開」。

中共十八屆三中全會提出「國有資本繼續控股經營的自然壟斷行業，實行以政企分開、政資分開、特許經營、政府監

管為主要內容的改革」。2015 年 3 月，針對電力行業存在的一系列亟須通過改革解決的問題，中共中央和國務院印發了《關於進一步深化電力體制改革的若干意見》（以下簡稱 9 號文），被譽為「啃硬骨頭」的改革正式拉開帷幕。

9 號文明確了在進一步完善政企分開、廠網分開、主輔分開的基礎上，按照「管住中間、放開兩頭」的體制架構，有序放開輸配以外的競爭性環節電價，有序向社會資本放開配售電業務，有序放開公益性和調節性以外的發用電計劃。

2018 年，中國所有省（區、市）均建立了電力交易機構，北京和廣州兩個區域性電力交易中心也組建完成（廣州電力交易中心辦公現場如圖 2-5 所示）。截至 2018 年上半年，在全國各電力交易機構註冊的合格市場主體達 82921 家，較 2017 年底增長約 2 萬家。

輸配電價改革持續擴大化。在 2017 年實現省級電網輸配電價改革全覆蓋的基礎上，2018 年陸續核定了華北、東北、華東、華中、西北五大區域電網以及 24 個跨省跨區專項輸電工程的輸電價格。

售電側市場競爭機制初步建立。截至 2018 年 8 月，中國在電力交易機構註冊的售電公司達 3600 家左右，可為電力用戶提供多樣的選擇和服務。通過開展增量配電業務改革試

圖 2-5　廣州電力交易中心辦公現場
經濟日報社記者龐彩霞／攝

點，中國在引入社會資本方面取得了突破性進展，顯著提高了
配電網運營效率，改善了供電服務質量。

發用電計劃加快放開。2018 年上半年，中國市場化交易
電量為 8024 億千瓦時，同比增長 24.6%。其中，發電企業與
電力用戶直接交易電量為 6656 億千瓦時，為工商企業減少電
費支出約 259 億元；跨省跨區市場化交易電量為 1483 億千瓦
時，同比增長 32.6%。

此外，電力現貨市場建設平穩推進。2018 年 8 月，南方
電力現貨市場已啟動試運行，在建設電力市場、通過市場交易
形成價格信號方面邁出了重要的一步。

2.4   重大電力工程結碩果

如果從中國第一座水電站——石龍壩水電站的興建開始算起，中國人自己建設水電站的歷史已經超過 100 年了。

2010 年，時任國家發展和改革委員會（以下簡稱國家發展改革委）副主任、國家能源局局長的張國寶在中國水電 100 年紀念大會上動情地說，從 20 世紀初小型的石龍壩水電站到 21 世紀初雄偉壯觀的長江三峽工程，中國水電走過了光輝燦爛的 100 年歷程。

百年滄桑巨變，但中國人追求電力事業發展的步伐從未停止過。新中國成立後不久，中國「自主設計、自製設備、自己建設」的第一座大型水電站——新安江水電站動工開建。此後，丹江口、劉家峽、三門峽、烏江渡、葛洲壩等一大批大型水電站相繼建成，為國家建設提供了優質的電力能源。

進入 20 世紀 90 年代，李家峽、天荒坪抽水蓄能電站開工建設。1997 年，國家電力公司成立後，龍灘、小灣、公伯峽、洪家渡、三板溪等水電站的建設也得以推進。

根據張國寶的回憶，1992—1999 年，中國水電年投產量連續 7 年超過 300 萬千瓦。到 1999 年底，中國水電裝機容量已經達到了 7279 萬千瓦，年發電量達到了 2129 億千瓦時，世

界排名分別提升至第二位和第四位。到 2000 年底，萬家寨、
二灘、天生橋等一大批水電站又相繼建成投產。

　　當然，在眾多水電工程中，最舉世矚目的當屬中國有史
以來建設的最大型的工程項目——三峽電站，即長江三峽水
利樞紐工程（又稱三峽工程）。三峽電站也是世界上規模最大
的水電站（見圖 2-6），於 1994 年正式動工興建，並於 2009 年
全部完工。

　　三峽電站大壩高程 185 米，蓄水高程 175 米，靜態投
資 1352.66 億元，安裝了 32 台單機容量為 70 萬千瓦的水電機
組。2012 年 7 月 4 日，三峽電站最後一台水電機組投產，三

圖 2-6　長江三峽水利樞紐工程遠眺圖
資料來源：中國長江三峽集團有限公司官網

峽電站成了全世界最大的水力發電站和清潔能源生產基地。截至 2018 年 12 月 21 日 8 時 25 分 21 秒，三峽電站累計生產了 1000 億千瓦時的綠色電能。

隨着一大批水電站項目的建成投產，電力的輸配送又面臨新的問題：中國水力資源集中分佈在經濟發展相對落後的中西部地區，而東部地區經濟較為發達，對能源的需求也更多。

為了解決資源稟賦和經濟發展水平不匹配的問題，大容量、遠距離、高電壓輸電技術應運而生，一批高壓輸電線路相繼建成投產，推動電網建設技術不斷提高，達到了世界交直流輸電技術的領先水平。在高電壓、超高電壓輸電的基礎上，特高壓輸電技術的出現使「煤從空中走、電送全中國」成為現實。2016 年 1 月 11 日，準東—皖南 ±1100 千伏特高壓直流輸電工程開工建設。這是目前世界上電壓等級最高、輸送容量最大、輸送距離最遠、技術水平最先進的特高壓輸電工程。

在電力跨區域輸送的重大工程中，「西電東送」工程的全面啟動同樣是一個標誌性事件。「西電東送」工程作為中國西部大開發的重點工程之一，有着工程量大、投資額高、施工時間跨度長等一系列特點。而隨着這一工程的實施，廣大西部地區的電力資源可以實現更經濟的跨區域流動，既可以減少能源

在不同區域間流動的運輸壓力和環境壓力，滿足東部地區經濟社會發展對能源的需求，也能使西部地區的能源資源優勢轉化為經濟優勢，真正實現資源的合理有效配置。

　　如今，進入新時代，高質量發展成為電力工業發展的核心要求。高質量發展不僅是電力工業自身的發展要求，也是中國經濟實現高質量發展和轉型升級的重要保障。電力行業正努力實現從規模擴張向質量提升的轉變，實現從要素驅動向創新驅動的轉變。正如一位專家所言：人類終將生活在一個更加光明的世界中，但我們要的是低能耗的光明。電力行業的使命任重而道遠。

本章參考文獻

[1] 張國寶 . 筆路藍縷——世紀工程決策建設記述 [M]. 北京：人民出版社，2018.

[2] 白玫 . 改革開放 40 年電力工業發展歷程與成就 [J]. 中國能源，2018(10)：5-11.

[3] 水電水利規劃設計總院 . 改革開放四十年水電建設成就與展望 [N]. 中國改革報，2018-10-09(5).

[4] 王志軒 . 中國火電正值青壯年 [N]. 中國能源報，2018-08-06(3).

[5] 司賀秋 . 40 年電力體制改革成效的衡量 [J]. 中國電力企業管理，2019(1)：40-44.

第三章

負重的煤炭

引子

　　煤炭作為中國傳統的主要能源,在中國能源消費結構中佔據着十分重要的基礎性地位。新中國成立以來,特別是改革開放以來,煤炭行業發生了翻天覆地的歷史性巨變,取得了舉世矚目的歷史性成就,為國民經濟平穩、快速地發展提供了有力的能源保障。在新形勢下,煤炭行業也面臨着轉型發展的挑戰。負重前行,是煤炭行業繞不開、躲不過的現實。

　　歷史上，馬可·波羅從中國返回歐洲後，除了向親友們繪聲繪色地介紹中國的絲綢、茶葉、瓷器等之外，還告訴他們，在中國，有一種神奇的黑石頭，可以像木柴一樣燃燒，但火力比木柴強很多，而且從早燒到晚都不會熄滅。

　　當時，人們只把馬可·波羅所說的「黑石頭」當作奇聞來傳頌，卻不知道它就是煤炭。煤炭在歷經千萬年的沉睡之後，在人類生產和生活的煉爐裏燃燒了自己，照亮了人類文明的偉大進程。

3.1　不能抹殺的功績

　　「城中內外經紀之人，每至九月間買牛裝車，往西山窰頭載取煤炭」，在《析津志》中，元代學者熊夢祥這樣描述元大都（即後來的北京城）的煤炭供應。熊夢祥無法預料的是，約700年之後，還是在北京城，曾經是百姓冬季取暖必需品的煤炭，幾乎成了人們談之色變的對象。特別是每次霧霾天氣席捲中國北方地區時，煤炭便被認定是「元兇」，「去煤化」的呼聲更是此起彼伏。

　　長期以來，在中國貧油、少氣、富煤的資源稟賦下，煤炭一直是中國能源供應的支柱。在新中國成立初期，各地人民

政府共接收了約 40 個煤礦企業、200 處礦井和少數幾個露天礦。這些煤礦大多規模小、設備簡陋、技術落後，加上長期戰爭的破壞，已是千瘡百孔。

那個年代，煤炭的生產主要依靠手工作業，機械化程度相當低。相關資料顯示，新中國成立之初，中國原煤產量連國內基本用煤需求都不能完全滿足，煤炭消費量佔一次能源消費總量的 90% 以上。當時中國經濟是不折不扣的「煤炭經濟」。

在計劃經濟時代，所有的煤炭生產任務都由國有企業承擔，依賴國家投資，企業的生產、銷售、定價完全按照政府計劃執行。煤炭的供給遠遠無法滿足生產和生活的需要，反而凸顯了其重要性。當年，雖然井下作業條件差、風險大，但在煤礦工作仍然令人十分豔羨 —— 畢竟礦工是「鐵飯碗」，是那個年代許多人走進國有經濟體制的有效途徑。

著名作家路遙所著的《平凡的世界》中，主人公之一的孫少平最終成為一名煤礦工人。對於他而言，能成為礦工已經十分滿足，正如書中寫道：「不久前，你還是一個流浪漢，像無根的蓬草在人間漂泊。現在你已經有了職業，有了住處，有了牀板……麵包會有的，牛奶會有的，列寧說。嘿嘿，一切都會好起來的……」

中共十一屆三中全會以來，中國進入了改革開放、以經

濟建設為中心的新時期，經濟發展進入快車道。經濟社會的快速發展，使得對基礎能源——煤炭的需求量猛增，煤炭的產量及其在一次能源消費結構中所佔比例的變化，在很大程度上成了中國國民經濟發展的「晴雨錶」。

資料顯示，雖然中國煤炭資源富甲全球，但 1949 年產煤量只有 3000 多萬噸。新中國第一個五年計劃期，產煤量達到 6600 萬噸，佔一次能源消費的 90% 左右。1978 年，產煤量為 6.18 億噸，1994 年為 12.40 億噸，佔一次能源消費的比例均保持在 70% 以上。到 2000 年，原煤產量達到 13.8 億噸、煤炭消費佔一次能源消費比例降至 68% 左右。2018 年，中國原煤產量 36.8 億噸。1999 年至 2018 年中國的原煤產量如圖 3-1 所示。

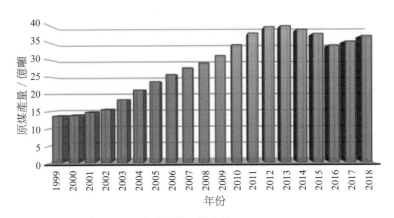

圖 3-1　1999 年至 2018 年中國的原煤產量
根據國家統計局電子數據庫和中國統計年鑒的公開數據整理

可以說，新中國成立以來，特別是改革開放以來，煤炭是中國經濟發展、社會進步的最大「功臣」。多年來，煤炭這種被稱為「黑金」的固體可燃性礦物，為中國整個經濟的發展提供了廉價的能源。一直到現在，煤炭在中國還依然佔據着主體能源的地位。

3.2　粗放發展

新中國成立後，中國的煤炭行業在薄弱的基礎上艱難起步。在煤炭行業發展的早期，為了滿足煤炭供給的需要，一些地方「大幹快上」，雖然帶動煤炭產量大幅增長，但客觀上也留下了不少長時間難以消除的後患。

不少礦井為追求原煤產量，幾乎到了不擇手段的地步。一些礦井「重採輕掘」，眼裏只有厚煤層，隨意丟棄薄煤層。這些做法有一定的歷史局限性，客觀上造成了忽視安全工作、忽視技術要求的現象，也在較長一段時間裏給行業的發展留下了許多「後遺症」。

改革開放初期，為了緩解國民經濟高速發展過程中長期存在的煤炭產量「瓶頸」制約問題，中央於 1981 年提出允許個人辦礦，包括小煤礦等。1983 年印發的《國務院批轉煤炭

工業部關於加快發展小煤礦八項措施的報告的通知》提出，「我國幅員遼闊，煤炭資源豐富，有一千多個縣蘊藏着煤炭」「發展小煤礦有着十分優越的條件」「鼓勵各行各業辦礦，也允許群眾集資辦礦」。自 1985 年起，國家又對原國有重點煤礦、國有地方煤礦實行了投入產出總承包，以後又多次延續財務承包。這些產業政策調動了地方、個人辦礦的積極性和國有煤炭企業的積極性，激發了煤炭企業的經營活力。

相關數據顯示，1985 年，隨着政策效應的釋放，小煤礦產量達到 2.68 億噸，佔全國煤炭產量的近 1/3。此後小煤礦的數量一路攀升，到 1997 年，小煤礦數量已經達到 8 萬多個。

這一階段湧現出的小煤礦中，有一些在一二十年後成長為大型煤炭企業。不過，這樣的煤炭企業並不多見。小煤礦的「遍地開花」，很大程度上給煤炭行業的粗放發展埋下了根。正是由於小煤礦數量的快速增長，「多、小、散、亂、差」的問題也愈發突出，安全生產問題更是為社會各界所詬病。

此後，中國在煤礦安全生產領域進行了一系列整治和改革：健全煤礦安全國家監察體系，強化瓦斯事故防治，關閉整合小煤礦，完善應急救援體系。由此，煤炭行業安全發展形勢逐漸好轉，特大事故發生數和死亡人數逐漸減少。

　　粗放發展除了給煤炭行業的發展帶來了血的教訓以外，也給生態環境帶來了巨大的傷害，甚至在一些地方形成了不可逆轉的破壞。

　　由於中國早期煤炭開採的技術儲備不足，煤炭開採方式總體上較為粗放，加之觀念上重視經濟效益，輕視生態環境保護，環保投入嚴重不足，導致煤炭大量無序開採，出現了地面沉陷、產生粉塵、土地資源被破壞、地下水系統受擾等一系列生態環境問題。這種只顧眼前利益，不顧長遠利益，只重經濟效益，不重視生態效益的做法，一度引發了社會對煤炭企業的不滿與抨擊。

3.3　自我革新

　　有人把 2002 — 2011 年稱為煤炭行業發展的「黃金十年」。回顧「黃金十年」，其實這也是煤炭行業各種問題充分暴露的十年，難掩煤炭行業發展之殤。

　　這十年中，在宏觀經濟高速增長的背景下，煤炭需求大幅增長，產量、價格、利潤也一路激增。這期間，煤炭價格從不到 200 元／噸一路飆升到將近 2000 元／噸，煤老闆們賺得盆滿缽溢。

　　然而，在山西煤監局黨組書記、局長卜昌森看來，這樣一場煤炭行業狂飆突進的發展盛宴，狂歡過後卻給煤炭人留下太多遺憾和傷痛。[1] 他在一篇文章中歸納了「三痛」，即安全之痛、發展之痛、民生之痛。具體表現如下。

　　——安全之痛：中國煤炭行業效益最好的「黃金十年」，反而是新中國成立以來煤炭工業安全生產狀況差、重特大事故發生率高的十年。

　　——發展之痛：最深刻的教訓是行業發展失控，企業家頭腦發熱，失去理性，發生了行業性、系統性、戰略性失誤，尤其是指導思想有誤區、發展思路有問題、發展路徑有偏差，忽視了整個行業的科學發展、內涵發展。很多煤炭企業發展戰略雷同、產業雷同、產品雷同，「一煤獨大」，沒有形成有效的替代產業，喪失了成功轉型發展的大好機遇。

　　——民生之痛：企業發展的不理性，助長或誘導了職工生活消費的不理性，導致煤炭企業出現了大量的「房奴」「車奴」和「月光族」。結果是隨着煤炭行業步入「寒冬期」，職工工資被長期拖欠，不少職工群眾的生活陷入困境，生活無着落，房貸、車貸斷供，進而造成大量的家庭紛爭和社會問

1　參見卜昌森在 2016 年 4 月 15 日中國國際煤炭大會暨展覽會上的發言《只有改變才能重生 —— 中國煤炭行業的昨天、今天、明天》。

題，這些問題也成為影響企業安全生產的隱憂。

　　隨着煤炭發展「黃金十年」走向終結，煤炭企業的發展形勢急轉直下，進入了長達四年的「寒冬期」，坑口煤賣不出沙子錢，煤炭企業度日如年。這場寒冬中，山東能源集團的一位礦長感慨道：「過去礦工們都盼着能當礦長，如今經營壓力大，不少礦長都想辭職。」

　　越來越多的煤炭人開始意識到，這個行業已經到了必須自我刮骨療傷、自我革新的時刻了。一些煤炭企業開始邁出轉型發展的步伐，煤炭工業的生產工藝也發生了翻天覆地的變化，技術水平有了明顯提升。

　　隨着技術的不斷進步，中國煤礦建設能力已經躍升到世界前列。目前，中國煤礦採用凍結法進行立井施工的深度達近1000米，居世界第一；斜井施工長度達到800米；採用鑽井法鑿井的深度達到660米。陝北、大同、平朔、蒙東等一批億噸級礦區建成。

　　尤其值得稱道的是，煤炭智能開採已經取得了重大突破，這給煤炭行業的生產方式帶來了顛覆性的影響。目前，中國已經建成100多個煤礦智能化工作面（示例見圖3-2），實現了地面一鍵啟動、井下有人巡視和無人值守。中國煤炭工業協會名譽會長濮洪九在一篇回憶文章裏是這樣描述的：

　　「2016 年 9 月，我去了陝煤集團的黃陵一號井無人工作面。當時是下午四點，正是交接班時間，第二班開始作業。我下了那麼多井，不用下井就可以採煤的，還是第一次遇見。我在地面的控制室按下兩個按鈕，上面控制台的屏幕就顯示出井下的所有狀態——首先，運輸機啟動了；然後，採煤機運轉了；接着，液壓支架移動了；最後，煤就出來了。

　　「井下沒有人，全在地面上控制，這個令我特別興奮又感慨萬千。當年我在部裏工作，給大學生做報告的時候經常說，現在我們煤礦工人很辛苦，但以後我們就可以實現機械化、自動化，做到井下儘量少用人。那個時候還沒有『智能化』這個詞兒呢，但短短幾年就實現了突破，夢想變成了現實。」

圖 3-2
兗州煤業鄂爾多斯能化有限公司轉龍灣煤礦智能化工作面
資料來源：兗礦新聞中心

　　在 2018 年底召開的慶祝煤炭工業改革開放 40 周年座談會上，中國煤炭工業協會會長王顯政談到，2018 年中國大型煤炭企業採煤機械化程度由新中國成立初期的 0.73% 提高到 97.9%，掘進機械化程度由 1.99% 提高到 56.3%；全國煤礦生產效率由 1949 年的人均 100 噸 / 年左右提高到人均 1000 噸 / 年，增長了 9 倍，部分煤礦生產效率甚至達到人均 2 萬噸 / 年。

　　生態文明礦區建設也取得顯著成效。保水開採、充填開採、無煤柱開採等綠色開採技術得到普遍推廣，煤炭深加工示範、燃煤電廠超低排放、高效煤粉型工業鍋爐技術示範取得成功，煤炭清潔高效集約化利用水平大幅提升。

　　煤炭行業的國際合作也深入推進。從 20 世紀 70 年代中國開始有計劃地引進綜採設備，到中美合資建設安太堡露天煤礦；從開展煤炭國際貿易到煤炭企業「走出去」開發境外資源，再到兗礦集團成為澳大利亞煤炭生產供應商；從開展學術交流到加強與世界能源機構、政府和企業的深度合作，中國煤炭工業的世界影響力不斷提升。[1]

1　參考中國煤炭工業協會會長王顯政在 2018 年 12 月召開的慶祝煤炭工業改革開放 40 周年座談會上的講話，見國家煤炭工業網。

此外，煤炭作為工業原料的價值進一步被挖掘出來，煤化工、煤直接／間接液化等產業得到有序發展，煤炭由主要作為工業燃料轉變為同時作為原料和燃料，產業鏈進一步延伸，產業佈局更加多元，煤炭資源的經濟效益和戰略價值進一步提升。

3.4　說「再見」為時尚早

目前，煤炭約佔全球能源消費量的 1/4，是僅次於石油的第二大能源，也是成本較低的發電原料之一，其對於人類經濟社會發展的意義非常重大。

由於「去煤化」的呼聲越來越高，一些地方不顧國情，不考慮實際情況，不科學地制訂計劃，盲目加快煤改氣、煤改電的步伐，反而給能源供給的安全穩定帶來了巨大的不利影響。

儘管煤炭消費佔比在逐年下降，但由於比例基數較大，而且考慮到中國的資源稟賦和終端用能結構，在今後一段時間內，煤炭依然是中國最重要的基礎性能源，仍將在中國能源結構中發揮作用。

　　由國家能源集團[1]、國際能源署（International Energy
Agency，IEA）聯合發佈的《全球煤炭市場報告（2018—
2023）》預測，到 2030 年，煤炭在中國一次能源消費結構中
仍將佔到 50% 左右（見圖 3-3）。在濮洪九看來，不合國情
的去煤化是不合理的。煤炭資源豐富，產能大，可以保證供
應，當其他能源供應不足，或者北方地區冬季供暖需求量大
時，可以迅速用煤來補充救急。煤製油、煤製氣和煤層氣可
以補充中國油氣資源的不足，增強自我保障能力，減少對國
外能源的依賴。

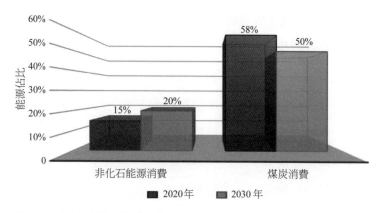

圖 3-3　中國規劃當中的能源結構的變化情況
資料來源：《全球煤炭市場報告（2018—2023）》

1　2017 年，經報國務院批准，中國國電集團公司與神華集團有限責任公
　　司合併重組為國家能源投資集團有限責任公司（簡稱國家能源集團）。

　　從政策導向上，中央明確指出一方面要壓縮煤炭比例，另一方面要大力推進煤炭清潔高效利用，形成煤炭、石油、天然氣、新能源、可再生能源多輪驅動的能源供應體系。這意味着中國以煤炭為主的能源格局仍將持續一段時間。

　　即便是在國際上，煤炭也沒有退出舞台，特別是對於新興經濟體，煤炭依然扮演着十分重要的角色。據新加坡《聯合早報》報道，全球在建燃煤發電廠中，82% 左右的電廠位於亞洲四大發展中經濟體 —— 中國、印度、越南和印度尼西亞。即便是經濟發達的日本，在經歷福島核電站事故以後，對煤炭的依賴度也出現了明顯的上升。

　　完全對煤炭說「再見」為時尚早。在大力發展新能源、可再生能源的同時，中國仍然要重視煤炭的清潔高效利用，通過積極轉變發展方式，實施清潔化生產，實現節能減排，提高資源利用效率，推動煤炭與清潔能源技術、產業模式的有機融合。促進煤炭清潔化利用與新能源、可再生能源的協同發展，是今後一個時期中國能源發展的必然選擇。

本章參考文獻

[1] 許紅洲，林火燦. 再識一車煤 [N]. 經濟日報，2010-02-28(1).

[2] 鄭慶東，許紅洲，林火燦. 煤炭產業的出路在哪兒——對我國煤炭
主產區的調查 [N]. 經濟日報，2015-12-20(1).

[3] 中國煤炭工業協會. 中國煤炭工業 40 年改革開放回顧與展望：
1978—2018[M]. 北京：煤炭工業出版社，2018.

[4] 于歡，武曉娟. 50 年，終成煤炭智能化開採引領者——濮洪九憶我
國煤炭綜合機械化發展歷程 [N]. 中國能源報，2017-09-04(5).

[5] 林益楷. 能源大抉擇：迎接能源轉型的新時代 [M]. 北京：石油工業
出版社，2019.

第二部分

向高質量轉型

中共十八大以來，能源生產和消費革命成為能源領域最響亮的聲音，這意味着開始了新的能源轉型。這既順應了世界能源轉型的趨勢，也是我國能源現狀和環境生態的要求。順利推進能源革命，將實現能源的高質量發展。

第四章

能源生產和消費革命

引子

在全球能源行業變革以及中國加快發展方式的轉變、建設生態文明的時代背景下，我們要更好地提升能效、促進綠色低碳轉型。從長期戰略高度出發，推動中國能源生產和消費革命。以推動能源轉型為主線，以能源生產和消費革命為抓手，構建形成安全、綠色、高效的現代能源體系，是中國能源發展的重要戰略方向。這是加快國家現代化建設和實現長期可持續發展的需要，更是積極應對生態環境治理和全球氣候變化的迫切需要。

　　在 2014 年 6 月召開的中央財經領導小組第六次會議上，習近平就推動能源生產和消費革命提出了五點要求，即必須推動能源消費、能源供給、能源技術和能源體制四方面「革命」，全方位加強國際合作。「四個革命、一個合作」能源安全新戰略的提出，標誌着中國能源戰略的重大轉型。

4.1　其命維新

　　人類從誕生以來就在使用能源，也在經歷使用能源的演變。使用能源的演變帶來人類生產力水平的提高，人類利用和駕馭能源能力的增強，也給能源本身帶來了變革。人類見證了能源技術的進步、能源形態的變遷、能源利用範圍的拓展、能源生產組織形式的變革等。人們還發明了「市場」這一最有效的形式，在能源生產運轉的各個環節進行科學分工，甚至開展跨越國界的合作，並且學會了利用經濟手段來促進節能。可以說，能源既是人類社會的「第一產業」，也是在不斷變化發展着的最新的產業。

　　我們給能源利用中的這些變化冠以「轉型」「變革」「改革」「進化」「革命」等動詞，而「革命」是這組詞裏程度最強的。能冠以「革命」一詞的必是重大之

事，就像人類學會鑽木取火、發明蒸汽機那樣的事件。「革命」一詞，最早見於《周易・革卦・象傳》：「天地革而四時成，湯武革命，順乎天而應乎人」，其原意是指順應天意和民心的重大變革行為。「變革」或「改革」與「革命」均有破舊立新之意，但從程度上區分，「改革」「變革」一般指在不觸動根本的前提下進行局部調整，而「革命」則指對舊的事物、制度或思想進行徹底變更，使其產生深刻質變。革命是從根本上顛覆秩序。人類的能源利用歷程正是經歷了幾次意義非凡的革命，從而推動了生產能力的飛躍發展，最終給人類社會帶來深刻而又全面的變化，歷史才得以翻開新的篇章。

中國能源行業面對資源、環境與經濟發展的多重變化，在其發展中需要做相應的調整，學界和行業內部之前對此也有過很多呼籲，但大多使用「變革」「轉型」等詞，官方使用「革命」一詞描述能源戰略的調整，將其提至國家長期戰略的高度，顯示了極大的決心和魄力，背後有着推動中國經濟發展模式轉變的深切含義，也意味着中國能源戰略將出現根本性的重大變化，蘊含着非常深遠的歷史和現實意義。

「周雖舊邦，其命維新。」能源雖已有久遠的歷史，但當下正處於不斷轉型變革的潮流當中，特別是中國的能源事業，承擔着革故鼎新之重任。「四個革命、一個合作」能源安

全新戰略（見圖 4-1）的提出為能源革命清晰地指出了方向，也凸顯了能源革命真正的含義。在其中，能源消費革命是引領，目標是達到高效率和智能化的高級能源消費形態；能源供給革命是關鍵，重在形成綠色低碳、安全高效的能源生產格局；能源技術革命是支撐，需要依靠能源技術的重大突破支撐能源強國的建設；能源體制革命是保障，旨在建成現代化能源市場體系，還原能源商品的市場屬性，實現能源治理方式現代化；能源國際合作是平台，實現由參與者向貢獻者、引領者的轉變。

　　革命必然會帶來一些顛覆性的變化。從能源消費革命的角度來講，如何擺脫高耗能的發展模式，抑制不合理的能源消費？如何控制能源消費的總量，實現效率提高？怎樣實現節能

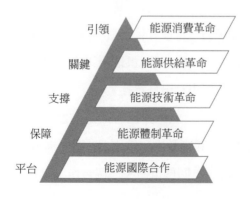

圖 4-1
「四個革命、一個合作」
能源安全新戰略圖示

優先？從能源供給革命的角度來講，如何建立一個立足國內的
多元供應體系？怎樣推進煤炭的潔淨化和高效利用？如何提高
能源供應體系的安全程度和清潔程度？從能源技術革命的角度
來講，在第三次工業革命潮流面前，中國能不能真正參與其中
並推動產業結構優化升級？如何緊跟和超越世界能源技術革命
的步伐？如何以綠色低碳為方向實現產業形態和商業模式等方
面的創新？能源體制革命更是關鍵環節，如何還原能源的商品
屬性？如何構建有效的市場結構和市場體系？怎樣更好地發揮
體制創新的乘數效應？能源國際合作至關重要，如何在開放的
國際市場中保障國家能源安全？如何實現能源生產國與消費國
互利共贏，推動全球能源可持續發展？諸如此類問題，都值得
仔細思量、逐一破解。

4.2 「第三條道路」

從能源發展現狀看，目前中國已成為世界上最大的能源
生產國和消費國，煤炭、石油、天然氣、電力、新能源、可再
生能源全面發展的能源供給體系已經初步形成，技術裝備水平
得到長足提高，生產生活用能條件明顯改善。這是中國能源發
展取得的巨大成績，但同時我們也應看到，中國面臨着能源需

求壓力巨大、能源生產供給制約較多、能源生產和消費對生態環境損害嚴重、能源技術裝備水平總體落後等問題。特別值得關注的是目前中國油氣對外依存度不斷攀升，2018 年原油對外依存度接近 70%，天然氣對外依存度達到 45%。

　　當前中國正處於建設社會主義現代化強國的歷史機遇期，但是，中國的能源問題與環境問題、發展問題交織在一起，成為制約現代化建設的瓶頸。在中國的能源消費結構中，化石能源特別是煤炭還佔較大比例，見圖 4-2。長期以來依靠大量化石能源投入的發展模式，日益受到資源稟賦和生態環境的約束，而作為發展中大國，中國又必須滿足經濟社會發展對能源的需求。

　　中共十九大報告把能源生產和消費革命放在「加快生態文明體制改革，建設美麗中國」這部分內容中加以部署，這也

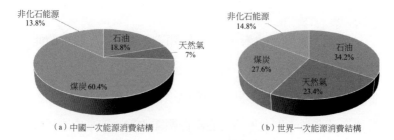

（a）中國一次能源消費結構　　　　（b）世界一次能源消費結構

圖 4-2　2017 年中國和世界一次能源消費結構圖
根據國家統計局電子數據庫和中國統計年鑑公開數據整理

意味着，能源革命是建設美麗中國的重要前提。能源消費減量化以及能源生產清潔化、低碳化，有助於促進人與自然和諧發展，促進經濟社會發展與資源環境協調和可持續發展。

根據國家發展改革委 2016 年 12 月發佈的《能源生產和消費革命戰略（2016—2030）》，到 2020 年，能源消費總量控制在 50 億噸標準煤以內，2030 年，能源消費總量控制在 60 億噸標準煤以內。中國國際經濟交流中心課題組研究認為，在碳減排的約束下，屆時被允許使用的化石能源高限僅分別為 42 億噸和 47 億噸標準煤。在這一矛盾當中，我們既不能繼續走高耗能支撐經濟增長的老路，也不能單純靠減少能源消費總量而影響經濟發展。

要跳出這一困局，關鍵在於怎樣處理傳統化石能源與清潔能源之間的關係。這就是說，中國未來的能源發展需要致力於走出一條新路。一方面，降低整體經濟的能源強度[1]，在保持經濟以合理的速度發展的前提下，控制過快的能源消費總量增長速度；另一方面，增加非化石能源特別是可再生能源的供給，加快調整能源結構。

正如一些專家所說，歐美國家大力發展清潔能源的一個

---

1 能源強度是指一個國家或一個地區、部門、行業每單位產值所消耗的能源量。

大前提是，這些國家已基本完成工業化和城市化，總能耗不再增長，能源強度不斷降低，新興能源主要用來補充和逐步替代化石能源的增量部分。而相比之下，中國的資源稟賦和終端用能結構決定了以煤為主的能源結構和以火電為主的電力格局短期內難以改變，加上本身的技術和經濟性約束，新能源在相當長時期內只能作為傳統能源的補充。因此，中國既要着眼長遠，又要立足當前，在積極發展新能源的同時，實事求是、科學謀劃，進一步加大對傳統能源的清潔化改造力度，確立以傳統化石能源為主、新能源為補充的能源生產和消費結構，並行推動化石能源清潔化和清潔能源規模化。

優化能源結構的另一層含義是指，優化能源生產、轉化、利用結構，推動能源供應體系綜合變革。在能源供應結構上，逐步形成煤炭、石油、天然氣、新能源、可再生能源多足鼎立的多元化格局；在能源使用結構上，統籌考慮交通、化工、發電、工業等多個領域，發揮各種能源的比較優勢，在能源替代上通盤考慮、系統優化；在能源轉化結構上，要把握大電網與分佈式電力系統並重的發展思路，形成安全可靠、經濟高效、綠色智能的能源網絡系統。

能源是經濟大系統中的子系統。能源戰略的實施不是孤立的，需要把「控總量、調結構」的方針與經濟發展方式的轉

變、其他領域的改革聯動起來。能源發展轉型的過程關聯着無
數人的生活，涉及從生產到生活方式的轉型、從經濟到文化觀
念的變革，還受制於舊有觀念和體制的慣性，這對國家的改革
推進能力和綜合治理能力提出了更高的要求。能源和環境作為
最重要的公共產品，需要全社會協力的「整體性治理」。推進
能源生產和消費革命，也是推進國家治理體系和治理能力現代
化的重要內容。

4.3　加法、減法與乘法

　　近些年，對於能源這一國之大事，各方廣泛關注，積極
建言。圍繞能源生產和消費革命，科學家們開展了重大課題研
究，向相關部門上報研究成果；政府主管部門制定下發相關戰
略、規劃、行動計劃，作為行業指引；智庫學者們潛心研究，
嘔心瀝血，貢獻成果。政府、學界和民間的合力逐漸匯聚，形
成了推動能源生產和消費革命的巨大聲浪。

　　綜合各方面的觀點和意見，從中國現實情況來看，開展
能源生產和消費革命，建立現代能源體系，需要從供給、需求
和體系運行三條路徑加以推進，做好加法、減法和乘法，即推
動增量革命、減量革命和效率革命，見圖 4-3。

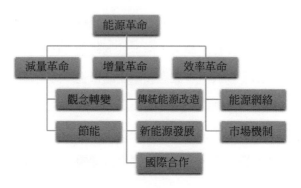

圖 4-3　中國能源革命路徑圖
資料來源：中國國際經濟交流中心課題組

　　首先，要做好「加法」，推動能源供給增量革命，建立多元供給體系。兼顧傳統能源清潔化利用和新能源開發，形成煤炭、石油、天然氣、新能源、可再生能源多輪驅動的能源供應體系。

　　其次，要做好「減法」，推動能源消費減量革命，抑制不合理的能源消費。有效落實節能優先方針，轉變能源消費方式，把節能貫穿於經濟社會發展的全過程和各領域。

　　最後，要做好「乘法」，推動能源體系效率革命，提高能源系統運行效能。構建由先進電網、智能網絡、油氣管網、能源運輸通道等供給側與需求側聯動、物理網與信息網並重的安全高效、智能綠色的現代能源網絡，合理引導能源流向，提高網絡運輸效率。

4.4　戰略路線圖

2014 年 6 月，中央財經領導小組第六次會議提出，把推動能源生產和消費革命作為中國的一項長期戰略。據此，國家發展改革委和國家能源局聯合印發了《能源生產和消費革命戰略（2016—2030）》（以下簡稱《戰略》），該《戰略》可以被看作能源革命的具體路線圖。

今後十幾年，全球能源需求將持續增長，供需關係的基本面並沒有根本改變。中國經濟將處於增速換擋期，能源需求增速有可能逐步下降。中國能源自給率總體上保持在較高水平，但油氣對外依存度持續上升，能源安全面臨嚴峻挑戰，能源開發利用帶來的環境壓力持續加大。世界能源科技創新進入活躍期，能源技術革命很可能發生目前難以預料的突破。世界各國進入能源戰略調整期，致力於推動能源體系變革。可以說，從當前到 2030 年這段時間，是中國實現能源生產和消費革命的重要窗口機遇期。

《能源發展「十三五」規劃》提出對能源消費總量和能源消費強度實施雙控，要求到 2020 年，煤炭消費比重降低到 58% 以下，非化石能源消費比重提高到 15% 以上，天然氣消費比重力爭達到 10%。在此基礎上，《戰略》提出了進一步的

能源革命目標：2021－2030 年，可再生能源、天然氣和核能利用持續增長，高碳化石能源利用大幅減少（能源結構預測圖見圖 4-4）；新增能源需求主要依靠清潔能源滿足；二氧化碳排放 2030 年左右達到峰值並爭取儘早達峰；單位國內生產總值能耗（現價）達到目前世界平均水平；能源科技水平位居世界前列。展望 2050 年，能源消費總量基本穩定，非化石能源佔比超過一半，建成現代能源體系。

　　生活在一定時空環境裏的人們，總會有一定的局限性。從眼前來看，我們會感到實現目標有挑戰；但從更積極的意義來說，未來重塑中國能源體系的前景是值得期待的。能源轉型具有長期性、複雜性和艱巨性，但方向和路徑是清晰的，需要堅持不懈地努力。走出一條經濟和環境雙贏的新型能源發展道路，是當代中國人的歷史使命。

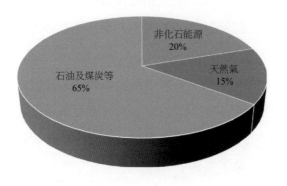

圖 4-4
中國 2030 年能
源結構預測圖
根據《能源生產
和消費革命戰略
（2016—2030）》
中的數據繪製

4.5 「一帶一路」新機遇

2017 年，首屆「一帶一路」國際合作高峰論壇在北京隆重召開，並從此成為常設性的主場外交活動。而這幾年，國際能源形勢的變化調整與「一帶一路」倡議的深入推進，也在重塑中國對外的能源關係。

全方位加強國際合作，實現開放條件下的能源安全，是習近平提出的「四個革命、一個合作」能源安全新戰略的重要任務之一。在經濟全球化背景下，參與國際能源大循環成為各主要經濟體的共同選擇，這也是維護一國能源安全的重要舉措。

近年來，國際能源合作環境出現了新的變化。全球能源生產中心加速「西移」，能源消費中心持續「東擴」，地緣政治變化使能源合作環境更趨複雜。維護共同安全成為國際合作新理念，能源轉型和應對氣候變化成為國際能源合作主旋律，共建「一帶一路」成為能源合作新亮點，國際能源治理成為能源合作新訴求。

中國人民大學國際能源戰略研究中心曾經發佈報告，總結了中國能源國際合作取得的主要成就：建立了多個油氣國際合作區，涉及全球 33 個國家、100 多個國際油氣合作項目，

建成了中亞—俄羅斯、中東、非洲、美洲和亞太五大國際油氣合作區；建立了對外能源貿易體系，形成了涵蓋石油、液化天然氣（Liquefied Natural Gas，LNG）、天然氣、煤炭、鈾礦為主的能源進出口貿易體系、運輸方式和交易模式多元化；中國的能源公司國際競爭力極大提高，中國在國際能源舞台的影響力與日俱增。

2013 年，隨着「一帶一路」倡議的提出，中國的全球能源戰略正式確立，對外能源政策也在逐步完善。「一帶一路」框架為國際能源合作搭建了更為有效的對話平台，創造了更加良好的國際合作環境，有助於開啟更加包容的全球能源治理新模式。

小檔案

我國國際能源合作發展歷程

起步期（1978—1992 年）：改革開放以後，我國開始進入市場開放、能源出口換取資金、技術和設備的「引進來」的國際能源合作階段。

加速期（1993—2002 年）：我國成為石油淨進口國，為了貫徹中央提出的「充分利用國內外兩種資源、兩個市

場」的方針，開始實施「走出去」戰略。

深入期（2003 — 2008 年）：充分運用能源外交手段，由國家主導，能源企業及其他非國家行為體參與，開展與能源相關的各種國際合作。

轉換期（2009 — 2012 年）：金融危機後，油價低位徘徊，消費國在國際能源市場的影響力不斷增強，我國在對外能源合作過程中的主動權不斷提升，能源資源投資力度加大。

機遇期（2013 年以來）：提出「一帶一路」倡議，這是我國首倡、高層推動的一個國家構想。能源項目是「一帶一路」的重要支點，我國進行國際能源合作的目的已經不再只是獲取能源本身，而是實現經濟和環境的雙重效益，成為建設人類命運共同體的重要依託。

隨着「一帶一路」倡議的逐漸推進，越來越多的中國企業乘着「一帶一路」的東風，進入「走出去」的新階段，不僅展現出投資、技術等方面的實力，也更加注重維護「一帶一路」地區國家的能源安全、減少地區能源貧困、促進資源國基礎設施建設、維護當地環境和社區建設等，展現了大國擔當，體現了中國在能源發展理念上的創新，以及在國際能源事務上逐漸壯大的影響力。

本章參考文獻

[1] 中國國際交流中心課題組 . 中國能源生產和消費革命 [M]. 北京：社會科學文獻出版社，2014.

[2] 胡森林 . 能源大變局：中國能否引領世界第三次能源轉型 [M]. 北京：石油工業出版社，2015.

[3] 張奇 . 我國能源生產和消費革命的挑戰與展望 [J]. 國家治理，2018（33）：3-12.

[4] 許勤華 . 中國全球能源戰略：從能源實力到能源權力 [J]. 人民論壇 · 學術前沿，2017（5）：62-68.

[5] 杜祥琬 . 對我國《能源生產和消費革命戰略（2016—2030）》的解讀和思考 [J]. 財經界（學術版），2017（9）：1-2.

第五章
與時間賽跑的油氣

引子

　　石油工業曾經為新中國的經濟發展做出了突出貢獻，但在 21 世紀的今天，它面臨着諸多新的挑戰。例如，隨着陸上多個油田開發進入中後期，國內油氣增儲上產壓力逐步增大，中國石油工業是否還有能力保持穩產增產，為保障國家能源安全做出更多貢獻？還比如，隨着中國經濟增速放緩、能效提升以及可再生能源的快速發展，中國是像發達國家那樣擁有「油氣時代」，還是會直接跳過「油氣時代」，進入以可再生能源為主體能源的時代？甚至還有一些聳人聽聞的聲音認為，石油行業或許將比煤炭行業更快面臨衰敗的局面，是這樣嗎？石油行業要想在未來中國的能源供應體系中繼續扮演重要的角色，它需要與時間賽跑，建立起相對於其他能源品種的競爭優勢，保持自己的生命力。

在中國，石油和天然氣的開發利用是一項古老而新興的事業。說它古老，是因為在 1000 多年前的宋朝，人們就懂得石油的價值了。說它新興，則是因為中國雖然擁有 1000 多年的石油利用史，但近代石油工業在 19 世紀中葉才萌芽，初期發展極其緩慢。1949 年新中國成立時，中國油氣工業的基礎還極為薄弱，新中國成立以後，石油和天然氣才逐步成為中國現代能源生產的重要部分。

經過 70 年的大力發展，中國石油工業創造了舉世矚目的輝煌成就，推動中國迅速躋身於世界油氣大國行列。2017 年，中國原油產量達 1.92 億噸，天然氣產量達 1487 億立方米，分別是新中國成立初期油氣產量的 1600 倍和 21000 倍；截至 2017 年，中國建成油氣長輸管道總里程累計約 13.31 萬千米；中國大陸地區的 LNG 接收站從「零」起步，截至 2017 年已經建成 20 座，接收規模為 7610 萬噸／年……可以說，中國石油行業 70 年來的跨越式發展，為中國經濟列車的快速前行源源不斷地注入了能源「血液」。

5.1　對外依存度之憂

在剛剛過去的 2018 年，國際原油市場走勢可謂一波三

折。這一年先後發生了多個具有里程碑意義的事件，全球油氣市場秩序正在發生重大變革和調整。這其中，中美兩國原油對外依存形勢的微妙變化引發了人們的廣泛關注。

在 2018 年 11 月 30 日之前的一周內，美國每周出口的原油和石油產品超過進口，原油和石油產品的淨出口量為 21.1 萬桶／日，打破了 75 年來對進口石油的依賴，美國首次成為石油淨出口國。就在同一年，中國正式成為全球最大的石油和天然氣進口國。根據中國石油經濟技術研究院的統計，2018 年底，中國原油對外依存度已升至約 70%，天然氣對外依存度已升至 45%。預計未來一段時間，中國油氣對外依存度仍將持續攀升。

在 21 世紀第一個 10 年的石油「超級周期」[1] 裏，能源供應安全尤其是石油供應安全問題曾是一個舉國矚目的話題，引發了國人極大的焦慮和關注。此後，隨着國際油價的逐步回落，關於能源安全的討論趨於平靜和理性，人們似乎已經習慣了中國是「原油進口大國」的現實。但 2018 年以來，隨着中國油氣對外依存度的再次攀升，以及國際地緣政治緊張態勢的加劇，關於能源供應安全的討論聲再次響起。

---

1 「超級周期」是指在相當長的一段時間內，大宗商品價格一反常態，出現長期且大範圍的上漲。

　　有些人認為，中國原油對外依存度目前超過了國際社會公認的 65％ 的警戒線，對中國能源安全造成了一定威脅，在緊急情況下，比如出現戰爭或地緣政治衝突時，有可能造成石油的供應危機，進而可能危及國家經濟安全。但在另一些人看來，當前原油市場已經高度國際化，如日本、法國、德國和韓國等國的石油消費全部依賴進口，對外依存度基本上是100％。近年來，印度的原油對外依存度也迅速攀升，2003 年就接近 70％，2012 年更是超過了 75％，因此原油對外依存度的提高也沒什麼「可怕的」。

　　應該說，這兩種能源安全觀支持者的出發點不同，也各有自己的邏輯支撐，沒有絕對的對與錯，只是在不同時段裏看誰的主張更符合當時情形和民眾心理，誰的聲音就會更強烈一些。

　　在討論中，很多人把能源安全簡單地等同於石油安全。如果從能源總體對外依存度的指標看，中國能源供應總體安全穩定。數據顯示，2017 年中國一次能源消費總量為 44.9 億噸標準煤，有 9 億噸標準煤的能源依賴進口，能源總體對外依存度約為 20％，與歐盟超過 50%、日本接近 90%、土耳其超過70% 相比，仍處於較低水平。

　　從大家普遍關注的能源安全的薄弱環節 —— 石油安全

來看，中國近年來在油氣進口渠道多元化上也取得了積極進展。中國工程院院士黃維和撰文指出，中國自 1993 年實施油氣「走出去」戰略以來，經過 20 多年的發展，已在五大洲 41 個國家建立了五大油氣合作區，初步構建了東北、西北、西南和海上四大油氣進口戰略通道。中國原油進口地更加多元化。

　　從理論上說，從能源供應安全的視角看，中國的能源安全總體上是「敏感而不脆弱」的。特別是在油氣供應日益全球化、市場化的今天，供應方和需求方往往都是互相依存的關係，維持供應的穩定對供需雙方都是最優選擇，符合各方利益最大化的需要。

　　然而，理論與實踐之間總是存在一些差距。我們必須清醒地意識到當今世界並不太平，大國之間的博弈往往會超出市場的範疇，對能源供應安全的擔心也不完全是「杞人憂天」，完全指望利用市場機制去解決問題也可能會過於「理想化」。

　　從近年來中國能源供應安全的實際情況看，能源供應風險在局部地區和局部時段仍然存在。特別是在天然氣供應上，考慮到天然氣消費和供應市場遠不如石油市場成熟，加上天然氣消費量因季節變化而出現巨大「峰谷差」、天然氣基礎

設施佈局不足等多個因素，在今後一段時間天然氣供應安全問題將比石油供應安全問題更加突出，2017 年冬發生的全國大範圍「氣荒」就是鮮明的例證。

其次，審視能源安全不應僅從供應安全的角度出發，環境安全也應是審視能源安全的重要切入點。從這個角度看，中國能源環境安全總體形勢仍然不容樂觀。從近年來「煤改氣」的實踐可以看到，天然氣供應安全實際上是我們在追求更高層次的「能源環境安全」過程中的伴生問題。儘管中國能源總體對外依存度僅為 20% 左右，但我們的底氣在於國內有豐富的煤炭資源，其中有一些煤炭資源未必是我們真正想動用的資源。試想，一旦外部天然氣供應出現中斷等局面，煤炭消費可能不降反升，進而對空氣質量的改善帶來壓力。

能源價格安全問題也應是能源安全的重要組成部分。還是以天然氣為例，儘管過去幾年亞洲的天然氣價格已經大幅下滑，但是「亞洲溢價」依然明顯存在。未來一段時間，尤其是冬季保供時，天然氣市場供應仍將保持趨緊態勢。預計冬季保供時期的 LNG 現貨價格將會攀升，中國「買家」在未來一段時間內都將面臨價格上漲的壓力。

國人的能源安全觀念也應隨着時代發展而與時俱進，不斷被賦予新的內涵。從能源產品的穩定供應、價格可接受

度、是否清潔環保等多個維度進行考察和衡量，我們對能源安全需要有清醒的認識和長遠的考慮。

從供應安全的角度看，我們應借鑒美國「能源獨立」的思路，堅持立足本土，加大國內油氣勘探開發的投入力度。同時還應高度重視油氣戰略儲備，特別是要加大天然氣儲備能力建設，補齊天然氣儲備短板。

從環境安全的角度看，中短期內石油和天然氣仍是中國相對優質高效的能源，但考慮到中國原油和天然氣對外依存度已分別達 70% 和 45%，所以更應該發揮好各種能源的比較優勢，將寶貴的天然氣多用於民生（替代散煤燃燒）、工業和電力調峰等領域，實現天然氣利用的環境效益最大化。同時，也要加快發展風能、太陽能、地熱、生物質等各類可再生能源。

從價格安全的角度看，在當前國際油氣市場總體供大於求的背景下，中國作為「超級買家」的重要性日益凸顯，如何在國際大賣家之間「折衝樽俎」，放大購買力優勢，是一個值得思考的問題。在全新的資源供應形勢下，「買家」和「賣家」已成為休戚與共的命運共同體，中國完全可以發揮「關鍵買家」的優勢，推動不同國家間的資源供應競爭，謀求最優的資源價格，實現自身利益最大化。

5.2　石油消費峰值何時到來

國內能源學者陳衞東曾經提過三個「能源消費峰值」的概念，即中國「煤炭消費峰值」、美國「石油消費峰值」和歐洲「天然氣消費峰值」。[1] 從近年來的情況看，美國的石油需求基本上穩定在 2000 萬桶／日的水平；歐洲的天然氣消費從 2010 年開始逐步下滑；中國的煤炭消費基本上進入平台期，維持在 35 億噸左右。這三個峰值實際上反映的是這三個地區因所處發展階段不同而展現出的差異化能源消費特徵。

那麼，中國的石油消費峰值何時到來？從過去 10 年中國石油消費增速的情況看，截至目前我們還沒有看到峰值到來的跡象。中國石油經濟技術研究院發佈的報告顯示，2017 年，中國石油表觀消費量約為 5.88 億噸，增速為 5.9%；2018 年，達到 6.25 億噸，增速為 6.3%，與 2007 — 2017 年年均 5.2% 的增速相比，依然非常強勁。

從國際比較視角也可得出中國石油消費尚未見頂的結論。諮詢機構伯恩斯坦曾經從多個維度對此進行了分析比

1　參考中國電力網 2016 年 11 月 24 日的文章《全球能源轉型進入加速期》。

較。例如，從人均石油消費量的角度看，中國人均石油消費
量遠低於發達國家水平和世界平均水平，人均消費 3.4 桶石
油，只佔世界人均消費量的 63%。從石油消費佔一次能源消
費結構的比例看，目前中國石油消費在一次能源消費結構中
佔比為 19%（世界各國石油消費佔一次能源消費比例可參見
圖 5-1），如果達到 IEA 預測的 2040 年全球石油消費佔比的
29%，預計中國石油需求將增長至 2300 萬桶／日。此外，無

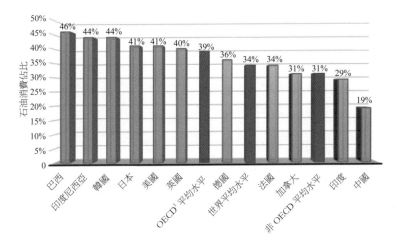

圖 5-1　世界各國石油消費佔一次能源消費比例
資料來源：伯恩斯坦

1　OECD，Organisation for Economic Co-operation and Development，
　　指經濟合作與發展組織，簡稱「經合組織」。

論從大宗商品消費佔全球的比例看，還是從石油強度的角度看，都能得出類似的結論。

英國石油公司（BP）和 IEA 等多家機構預計，中國石油需求將從目前的 1200 萬桶／日增長至 2040 年的 1500～1600 萬桶／日（峰值將在 2030—2040 年出現）。而根據國內相關機構的研究，在全社會大力提倡節約和鼓勵發展替代能源的前提下，中國石油消費有望在 2025—2030 年達到峰值（年均增長率低於 1%），2040 年開始緩步下降。

總體上看，如果參照其他國家的發展情景，在沒有激進政策引領或者重大技術突破的背景下，在未來 20 年內中國石油消費仍有增長空間。但是增長趨勢如何，在什麼時候達到峰值，這些問題顯然還存在較大的不確定性。

或早或晚，中國石油消費峰值終將到來，這是可預見的事實。石油消費峰值到來也將對國內石油行業的發展帶來深遠影響，特別是會對國內煉油化工行業的發展帶來較大衝擊。鑒於目前國內年煉油能力已經超過 7 億噸，政府應合理控制新增產能、加快淘汰落後產能，鼓勵建設大型石化基地。國內煉油企業也應積極推動發展轉型，從「做大規模」向「結構調整」轉變。

5.3　中國「頁巖氣革命」能否誕生

2019 年 4 月 3 日，全球石油生產的「巨無霸」沙特阿美公司披露，該公司在 2018 年實現淨利潤 1110 億美元，超過了蘋果公司和埃克森美孚公司的淨利潤總和，但其所屬世界最大油田 —— 加瓦爾油田的產量僅為 380 萬桶／日。這意味着，美國二疊紀盆地油氣田已經憑藉 410 萬桶／日的產量成為世界最大油氣田。

因為美國頁巖氣革命的成功，美國天然氣產量在過去 10 年間增長了將近 3000 億立方米，美國已經成為全球第一大天然氣生產國。而近年來美國油氣生產開始逐步從頁巖氣向頁巖油邁進，二疊紀盆地的發現更是揭示了該國頁巖油資源的巨大潛力。二疊紀盆地是美國得克薩斯州西部和新墨西哥州東南部的大型沉積盆地，包括三個相互連接但又互不相同的沉降區。該盆地疏鬆多孔的二疊紀礁體中聚集了豐富的石油天然氣礦藏，是美國三大頁巖油氣產區之一。與其他頁巖盆地油氣田相比，二疊紀盆地油氣田具有成本低、產量高、效益好的優勢，而且整體開發還未步入成熟期，儲量和產量還有很大的提升潛力。

　　可以預見，二疊紀盆地油氣田對美國能源的未來至關重要。一些業內人士表示，「如果美國能實現能源獨立，那應歸功於二疊紀盆地油氣田」。美國 2018 年原油產量達到 1096 萬桶／日，同比增長 17%，創下 1970 年以來的最高水平。專家預計，二疊紀盆地油氣田將帶動美國頁巖油氣新一輪的產量增長，有力推動美國石油天然氣生產再上新台階。

　　美國如火如荼的「頁巖氣革命」也點燃了位於大洋彼岸的中國的熱情，令中國很多能源從業者備受鼓舞。根據 2015 年中國國土資源部資源評價的最新結果，中國頁巖氣技術可採資源量為 21.8 萬億立方米，具有較大的開採潛力。

　　經過近幾年的探索，中國頁巖氣的勘探開發已取得初步成果，頁巖氣已被列為獨立礦種，科技攻關也取得一定進展，財政部、國家能源局也出台了頁巖氣開發利用的補貼政策。兩輪探礦權招標的探索為完善頁巖氣礦權競爭性出讓和建立礦權退出機制積累了有益的經驗；多種性質的市場主體合資、合作開發模式也為頁巖氣投資提供了有益的經驗。

　　但是也必須看到，頁巖氣開發並非原來想像的那樣樂觀。與之前的熱度相比，經過近幾年的摸索，中國發展頁巖氣的腳步稍有放緩，變得更加穩健和理性。國家能源局於 2016 年 9 月發佈了《頁巖氣發展規劃（2016—2020 年）》，這個規

劃與原有規劃相比，在目標設定上更加務實，提出 2020 年力爭實現頁巖氣年產量 300 億立方米，2030 年力爭實現頁巖氣年產量達到 800 億～1000 億立方米。

中國與美國相比，開發頁巖氣面臨三項重大挑戰。

第一個是能源體制問題。美國「頁巖氣革命」中有大量中小企業充當先鋒。美國資深專家評價道，如果美國沒有眾多小公司參與，僅憑埃克森美孚、雪佛龍等大型公司，美國頁巖油氣產業的發展絕不會這麼快。而中國能源體制市場化程度還需要進一步發育，天然氣勘探開發、供氣、輸配、管網及銷售領域的市場參與者有限，頁巖氣的資源優勢還沒有充分釋放。

第二個是地質條件問題。美國頁巖油氣層深度相對較淺，單層厚度大、基質滲透率高、成熟度適中，考慮到頁巖的脆弱性，較其他國家的頁巖油氣更容易開採一些。中國頁巖氣儲量理論上很高，但地質條件開採難度大，開發成本也相對較高。一些專家認為，美國頁巖油氣層深度為 800～2600 米，中國頁巖氣則埋藏在 1500～3500 米的深度，頁巖氣埋藏深帶來開採難度大、成本高的問題，短期內無法滿足國內的大量需求。

第三個是技術問題。美國「頁巖氣革命」的成功得益於水平鑽井和水力壓裂技術的成熟和廣泛應用。頁巖氣作為非常

規天然氣的一種，存儲於孔隙率和可滲透率較低的頁巖中。由於無法順利離開烴源巖形成氣田，需要以外力將頁巖壓裂碾碎才能抽出氣體。而中國在壓裂液和水平井多段壓裂技術等方面與美國尚有一定差距。此外，美國目前採用的水平井壓裂技術對水資源的依賴過大，中國頁巖氣儲區多分佈於水資源匱乏的西北地區，頁巖氣的開發不僅難度加大，還將加劇當地水資源短缺的矛盾和環境污染的風險。

對於中國而言，在常規天然氣資源有限、沒有新的重大氣藏發現的情況下，非常規天然氣將成為今後發展的重點。但中國不能簡單複製美國的「頁巖氣革命」，只能借鑒其成功經驗，結合具體實際，走出自己開發頁巖氣的道路來。

本章參考文獻

[1] 林益楷. 能源大抉擇：迎接能源轉型的新時代 [M]. 北京：石油工業出版社，2019.

[2] 林益楷. 全球石油市場格局猜想 [J]. 能源評論，2019(3)：52-55.

[3] 張茉楠. 中國能夠複製美國頁巖氣革命嗎？[J]. 發展研究，2013(6)：24-26.

第六章
解放「第一生產力」

引子

　　經過長期發展，中國已成為世界上最大的能源生產國和消費國，形成了煤炭、石油、天然氣、電力、新能源、可再生能源全面發展的能源供給體系，技術裝備水平明顯提高。但同時，中國也面臨着能源需求壓力巨大、能源供給制約較多、能源生產和消費對生態環境損害嚴重、能源科技水平總體落後等問題。在新一輪源轉型的大背景下，積極把握世界能源技術的發展趨勢，提高能源技術的創新能力和裝備製造水平，釋放科技「第一生產力」的作用，通過能源技術革命促進能源生產和消費模式的轉變，已成為中國能源產業的迫切選擇。

一百多年前，馬克思提出的「科學技術是生產力」的科學論斷，成為馬克思主義政治經濟學說的一個組成部分。1988年9月，鄧小平根據當代科學技術發展的趨勢和現狀，提出了「科學技術是第一生產力」的論斷，體現和發展了馬克思主義的生產力理論和科學觀。

新中國成立以來，中國能源行業發生了前所未有的重大變化，發展質量不斷提升。能源行業的發展既是能源技術、裝備水平不斷進步的結果，也是推動能源技術裝備不斷升級的重要動力。

6.1　國產化的機遇與挑戰

許多喜歡玩電子遊戲的人都玩過「貪吃蛇」這款遊戲。這款紅極一時的經典小遊戲曾經伴隨遊戲機、手機等載體走向世界，成為許多人抹不去的童年記憶。

在石油領域，一群技術專家們也喜歡玩一個名叫「貪吃蛇」的「遊戲」，不過他們不是在遊戲機或手機上玩，而是把它用在了地層深處。

這款「貪吃蛇」全稱叫「隨鑽測井及旋轉導向鑽井系統」，是中國海洋石油集團有限公司（以下簡稱中海油）開發的國產

化測井和鑽井技術裝備，它可以下海入地，能夠實現類似於「3D 版貪吃蛇」的運行軌跡調整，引導鑽頭像「貪吃蛇」一樣，在地下幾千米的堅硬巖石裏自由穿行，並準確命中油氣藏目標。

作為世界上最先進的鑽測井技術，「貪吃蛇」鑽井系統（見圖 6-1）打破了國際跨國公司在這一技術上的壟斷地位。雖然它在社會上的名氣不大，但在石油界幾乎是人人皆知。它的誕生背後有着一段鮮為人知的辛酸歷史。

圖 6-1　中海油「貪吃蛇」系統照片
李佑坤／攝

　　油氣田開發像是在做一道時效與成本的「計算題」，即如何在已知地下油氣儲層位置的情況下，用最小的成本和最快的速度完成鑽井服務。換句話說，如果想開採「物美價廉」的油氣資源，就必須用最少的井位完成最大範圍的儲量開採，並以最少的起鑽次數實現最短的鑽井周期。

　　面對時效與成本的難題，全球的油氣公司不約而同地選擇了定向鑽井技術。由於海上大斜度井、水平井居多，旋轉導向系統就派上了用場。旋轉導向系統的精準制導可以大大降低綜合開發成本，實現油氣田資源開發價值最大化。

　　這種定向鑽井技術和旋轉導向系統長期被美國的油田技術服務公司壟斷。根據全球範圍的作業量統計，2014 年這兩項技術至少為相關公司帶來了 200 億美元的收入。僅中海油一家公司，「十二五」期間，在油氣勘探開發中就向外方支付了 50 多億元的服務費。

　　為了擺脫受制於人的局面，中海油田服務股份有限公司在國家 863 計劃的支持下，歷經艱辛，攻克難關，終於突破了技術瓶頸，形成了具備自主知識產權的商標、系統技術和裝備體系。

　　經過「十年磨一劍」的刻苦攻關，2014 年 11 月 4 日，中海油自主研發的旋轉導向系統 Welleader 和隨鑽測井系統

Drilog 聯袂完成了海上作業，一趟鑽完成了 813 米定向井段作業，成功命中三處靶點。

如今，中海油「貪吃蛇」鑽井系統的作業地點已經遍佈中國渤海、東海、南海東部、南海西部等海域，以及大慶、東營、四川、重慶、青海等陸地區域。

中海油「貪吃蛇」鑽井系統的誕生和發展，是中國能源裝備突破國際技術壟斷、尋求國產化的一個縮影。多年來，儘管中國對外開放的大門越開越大，但是，最前沿、最先進的關鍵核心技術是買不來的。西方發達國家對中國總想「留一手」，不給我們先進的機器設備和關鍵技術，其目的十分「純粹」，就是要通過維持技術的壟斷和領先地位，獲取超額利潤。

張國寶曾經一針見血地指出：「隨着中國越來越強大，外國對我們的戒心越來越大，不像在 20 世紀 80 年代初的時候他們對我們沒什麼戒心，認為你們中國不可能怎麼樣。但是現在他們看見中國創造能力太強了，在這種情況下，一些高端技術真的要靠自己的力量去研發。」

這也意味着，對於先進的技術和裝備，我們不能心存「等、靠、要」的幻想，而要把希望寄託在國產化上。

小檔案

西氣東輸與國產化

　　建設西氣東輸一線工程時，假如 X70 和 X80 鋼材沒能實現國產化，西氣東輸工程的採購成本將不可能比原計劃減少 30%，國內油氣管道被國外大型鋼鐵企業壟斷的歷史也根本不會被改寫；假如我國沒能成功研製 2 兆瓦的全功率變流器，那麼 ABB 集團生產的變流器產品價格絕不可能在 8 個月內下降 150 萬元，我國單位千瓦風電機組價格也不會在幾年內從近萬元降低到不足 4000 元。

　　早在 20 世紀 80 年代，國務院已經着手組織了機械、電力、冶金、石化、鐵道、交通、水利、紡織等 10 多個部門，對核電、三峽水利樞紐、大型火電、超高壓輸變電、大型露天礦、大型冶金、大型乙烯、大型化肥、大型煤化工、沙漠及海上石油鑽採、北煤南運等重大工程所需的關鍵設備進行攻關，拉開了跨部門大協作、共同搞好重大技術裝備國產化工作的序幕。

　　經過多年的不懈努力，能源裝備國產化已經取得了巨大的進步和突破。例如，依託「三峽水利樞紐工程成套設備」的

研製，我們從只能設計製造 32 萬千瓦的水電機組，一躍到能實現 70 萬千瓦特大型水電機組設計製造的全部國產化；從只能擔當三峽工程機組製造的「配角」，到成為右岸機組獨立承包商、國內裝備製造企業，與國際跨國公司同台競技。此外，年產千萬噸級的大型露天礦成套設備、大型火力發電成套設備、超高壓交流和直流輸變電成套設備等項目也紛紛順利完成。

我們也要看到，中國在許多高端能源裝備核心技術領域仍受制於人。一方面，我們擁有自主知識產權的技術和自主品牌的產品比較少，很多高端產品的核心技術我們還沒有掌握。另一方面，中國在關鍵部件方面發展滯後，主機也面臨空殼化發展，高端裝備的元器件等依然依賴進口。此外，裝備領域的龍頭企業無論是規模還是技術創新能力，都與歐美大集團有着差距。

當今世界，能源行業已成為國際政治、金融、安全博弈的一個焦點。面對新形勢、新變化，能源板塊加快解放「第一生產力」，不斷提升技術裝備國產化水平，既是機遇，也是挑戰。

6.2　重大工程助推裝備發展

　　沒有專業的水電設備廠，水電設備產量低，生產的水電機組容量小、技術經濟性差……這是新中國成立以前水電設備工業落後的真實寫照。

　　隨着中國水電事業的發展壯大，水電設備工業的發展也不斷邁向新的高度，劉家峽、龍羊峽、巖灘等一批單機容量30萬千瓦級機組的投入運行，以及單機容量40萬千瓦的李家峽水電站和單機容量55萬千瓦的二灘水電站的順利投產功不可沒。

　　值得一提的是，以三峽工程為平台，中國堅持「技術轉讓、消化吸收、自主創新」的偉大實踐，開創了自主設計、製造、安裝特大型水輪發電機組的新時代，水電裝備全產業鏈實現國產化，只用了短短的7年時間就走完了其他國家30年的發展歷程。

　　三峽工程引進技術、自主創新的成功實踐證明，重大工程是中國電力設備行業實現技術進步的主要推動力。改革開放以來，中國圍繞清潔能源、電力、油氣、煤化工等多個重點領域發展國產化裝備，及時展開能源技術示範，加快先進技術裝備的推廣應用，取得了突出效果。

以普光氣田為例。早在 2006 年 4 月，中國就在四川省東北部發現了當時中國最大的海相整裝氣田 —— 普光氣田，由此拉開了「川氣東送」工程的宏偉序幕。2007 年 8 月 31 日，「川氣東送」工程在四川普光正式奠基開工；2010 年 3 月 29 日，「川氣東送」工程建成投產。整個工程西起四川達州，跨越四川、重慶、湖北、江西、安徽、江蘇、浙江、上海，管道全長 2229 千米，成為繼「西氣東輸」工程之後中國興建的又一條能源大動脈。

用國產化裝備來建設國家重點工程是「川氣東送」工程的一項標誌性成果。普光氣田是中國開發的第一個高含硫氣田，硫化氫平均含量約 15％。擺在「川氣東送」工程面前的一個難題，是國內企業在生產抗硫設備材料方面經驗不足、技術薄弱，而國外產品的價格昂貴，供貨周期長，且服務質量很難保證。

為此，中國石油化工集團有限公司（以下簡稱中石化）果斷提出實施抗硫設備材料國產化，先後組織設計、製造和科研的相關單位編製了攻關方案，進行了專家論證，依託普光氣田工程項目，實施抗硫閥門等一系列重要設備材料國產化方案，製造了一系列具有自主知識產權的新產品以及一批重大的石油裝備、管材。這不僅大幅度節約了採購資金，縮

短了供貨周期，還提升了現場服務水平，確保了工程建設的順利進行。

「川氣東送」建設工程的裝備國產化率達到 85％以上（部分重大裝備國產化項目情況見表 6-1），且國產化裝備的運行穩定性也絲毫不遜於進口裝備。僅通過高抗硫鎳基合金油管、抗硫碳鋼閥門等重要物資的國產化，就節約投資成本 23.77 億元。

表 6-1 「川氣東送」建設工程部分重大裝備國產化項目情況

重大裝備國產化項目	作用
高鎳基合金油管項目	提升了中國超高合金油井管的製造技術水平，確保了中國高酸性、高腐蝕性氣田的安全、高效開發
大口徑管道材料項目	提升了中國管道建設所用鋼管、彎管的技術含量和經濟附加值，加快了中國鋼鐵企業的自主創新步伐，推動了民族鋼鐵工業的發展
2500 型壓裂機組項目	解決了中國深層、高壓油氣資源勘探開發難題，也使江漢四機廠的技術水平得到了很大提高，提升了國際競爭力，增加了壓裂機組在國際市場的份額
大型硫黃回收餘熱鍋爐項目	充分發揮了「產學研」相結合的優勢，突破了眾多攻關難點，取得了重大成果，使用情況良好

資料來源：《經濟日報》。

　　更重要的是，裝備國產化有力地推動了中國石油裝備產業升級和結構調整，對於帶動裝備製造業振興和保證國家能源經濟安全都具有重要意義。

　　重大工程是檢驗一個國家科技創新能力的重要舞台。在這個舞台上，應該給國內企業創造更加開放和廣闊的競爭平台，為它們創新成果的工業化試驗和產業化創造更好的環境，從而將更多具有自主知識產權的創新成果和國產化裝備運用到經濟建設中去。

　　以國家能源集團寧夏煤業集團有限責任公司（以下簡稱國能寧煤）的煤製油項目為例。該項目投資規模超過 550 億元，工藝設備總台（套）數為 9245 台（套）。這麼大規模的投資自然少不了各式各樣的「大傢夥」。是採用進口設備，還是採用國產設備？一般來說，很多項目業主為了規避建設風險，往往會選擇有實力的製造商，甚至不惜花高價從國外進口，也不願意選用國產設備，以避免設備出現故障，造成工期延誤或項目損失。

　　不過，此前與國外公司談判中的種種遭遇，讓國能寧煤清醒地意識到，如果不掌握核心技術，在今後的發展中仍然會處處受制於人。國能寧煤下定決心，誓要打破國外壟斷，為國內的科技創新和民族工業的發展爭口氣。

圖 6-2
國能寧煤丁二烯
裝置
寧宣／攝

　　為此，國能寧煤煤製油項目承擔了 37 項重大技術、裝備及材料自主國產化任務，國能寧煤建成了國家重大示範型實驗基地（其丁二烯裝置如圖 6-2 所示）。一批國內裝備製造企業敏銳地抓住這一重大機遇，迅速聚集到寧東，參與項目建設。而事實上，這一項目也為一批民族企業搭建起了邁向世界級舞台的橋梁。

　　杭州杭氧股份有限公司為國能寧煤的煤製油項目研發試用的 10 萬標方[1] 級大型空分成套設備，1 小時生產的氧氣可充滿 14 座北京奧運「水立方」。這套設備已成為目前世界上最大的單機容量製氧裝置，該公司也因此一躍成為世界空分強企。北方重工集團在國能寧煤的煤製油項目中承擔了「超

1　標方，即標準立方英尺，1 標方 =0.028 316 8 立方米。

級 P91 高端鋼管」技術攻關，產品價格比國外進口產品低了 70%，交貨期僅 90 天。

資料顯示，國能寧煤煤製油項目「國家示範實驗室」的作用得到了極大的發揮，按工藝技術、裝備台（套）數統計，國產化率達到 98.5%；按投資額統計，國產化率達到 92% 以上。這助推了民族裝備製造企業跨越式發展，縮短了國產技術與國際先進技術的差距，加快終結了進口產品的暴利時代，在一些領域實現了技術逆襲，使中國製造揚眉吐氣。

從核電機組關鍵設備到重型燃氣輪機、從特高壓輸變電設備到天然氣長輸管道建設……中國一大批先進的能源裝備實現了中國製造，並在國際市場站穩了腳跟。越來越多的中國能源企業初步具備了與國際知名企業同台競技的能力。這一切，與裝備實現國產化密不可分。未來，中國還將進一步完善產業政策，健全體制機制，強化行業管理，推動重大工程實施建設與關鍵設備國產化齊頭並進。

6.3　技術突破帶動產業發展

如果時光倒流 20 年，有人跟你說「煤炭開採可以實現智能化、無人化」，想必你會一笑而過。

　　然而，這個曾經看似不可能的事情如今已經成為現實。越來越多的煤炭企業已經把智能開採作為發展方向，並積極開展煤礦地理信息系統（Geographic Information System，GIS）、井下物聯網系統、煤礦現場總線、礦井移動設備無線接入、綜採成套裝備智能系統、大型固定設備無人值守等創新研究，實現了多個生產環節的自動化，使煤炭這個曾經給人「傻大黑粗」印象的行業悄然換上新裝。

　　根據中國煤炭工業協會副會長劉峰的觀點，煤炭行業正在或將從五個方面提升智能化水平：在橫向覆蓋範圍方面，從單個工作面向單個煤礦，再向煤炭企業集團甚至整個礦區延伸；在產業鏈延伸方面，從煤炭生產的數字化向煤礦生產經營的數字化，再向煤化工、煤電、物流等整個產業鏈的數字化延伸；在應用系統集成程度方面，從專業系統集成向部分業務局部集成，再向相關係統全面集成應用拓展；在操作手段方面，從人工近距離操作向遠程遙控，再向系統自適應調控延伸；在發展層次方面，從技術應用向更高層次的創新商業模式提升。[1] 可以預見的是，隨着煤礦智能化實現從點的突破到系統能

1　參見劉峰 2019 年 5 月在全國煤礦薄煤層智能開採現場推進會上的講話《科技創新驅動　智能開採引領　大力推進煤炭工業高質量發展》。

力的提升，煤礦生產也將向更安全、更高效、更集約的方向不
斷發展。

　　作為一個煤資源相對豐富的國家，中國適度發展煤化工
是有必要的。而煤化工要實現高質量發展，關鍵要依託技術創
新與突破。兗礦集團位於陝西榆林的 110 萬噸／年煤間接液化
工業示範項目（見圖 6-3），是中國第一套採用自主知識產權
技術建設的同類示範項目。

　　這一項目的主要工藝是以煤炭為原料，經過水煤漿氣
化，淨化氣體後，通過技術工藝流程，生產出柴油、石腦

圖 6-3　位於陝西榆林的 110 萬噸／年煤間接液化工業示範項目
資料來源：兗礦集團

油、液化石油氣等產品。在生產油品和化學品的同時，利用合成尾氣驅動燃氣輪機聯產電能，從而提高煤液化過程的整體能源和資源利用效率，實現高碳資源低碳化、產品種類多元化、過程效率最優化和經濟效益最大化。

神華鄂爾多斯煤製油分公司的煤製油項目的技術攻關艱難而曲折，從當時的神華集團籌建國內第一條煤直接液化商業化生產線到 2010 年實現煤直接液化的商業化運營，整整用了 15 年的時間。

最初籌建這個項目是在 20 世紀 90 年代，那時國內還沒有關於煤製油的成熟技術和模式。在前期研發中，當時的神華集團也試圖從國外直接引進技術。不過，由於種種原因，進展並不順利。為了使煤製油儘快實現工業化生產，神華集團開始了自主研發的嘗試。隨着一道道難關被攻克，無機化工、煤化工、石油化工等技術最終被融合在了一起。2004 年，神華集團啟動了第一條煤直接液化商業化生產線的示範工程建設；2008 年 12 月 30 日，示範工程一次試車成功。

經過幾年試車運行，鄂爾多斯煤直接液化示範工程核心裝置實現了長周期穩定運行、水資源消耗降低、能源轉化效率等各項技術經濟指標持續提高，並於 2010 年進入商業化運營。

此外，近年來，中國在煤氣化、煤化工聯產和碳化工等

領域的研究開發取得重大進展。煤炭領域的技術發展是中國能源技術發展的一個縮影，相繼形成了一批擁有自主知識產權的新技術、新工藝，一批大型項目已經建成並投入運營，推動了能源產業轉型升級，並不斷向新水平邁進。

6.4　加快釋放「第一生產力」

隨着新一輪工業革命的興起，應對氣候變化日益成為全球共識，能源轉型加快推進，能源技術正在成為引領能源產業變革、實現創新驅動發展的原動力。

當前，以新興能源技術為代表的新一輪科技革命和產業變革正在興起，並將持續改變世界能源格局。非常規油氣和深水油氣、化石能源清潔高效利用、可再生能源、智能電網、安全先進核能等一大批新興能源技術正在改變傳統能源格局。

傳統能源的清潔高效開發、轉化、利用成為主要發展趨勢。可再生能源發電與現代電網的融合成了世界能源可持續轉型的核心。核能利用的關鍵是安全，不斷完善的第三代核電技術已逐漸成為新建核電機組的主流，第四代核電技術、模塊化小型堆技術、先進核燃料及其循環利用技術正在快速興起。

在戰略層面，世界各能源大國和經濟體均制定了政策措

施（見表 6-2）來加強技術創新，積極部署發展清潔能源技術，着力改善能源產業結構，以開闢新的經濟增長點。

表 6-2　世界幾個主要經濟體的能源戰略

主要經濟體	戰略綱領	主要內容
歐盟	《2050 能源科技路線圖》	以太陽能、風能、智能電網、生物能源、碳捕集與封存、核聚變以及提升能效等為主攻方向的發展思路，突出可再生能源在能源供應中的主體地位
日本	《面向 2030 年能源環境創新戰略》和《能源基本計劃》	能源保障、環境、經濟效益和安全並舉的方針，繼續支持發展核能，推進節能和可再生能源，發展儲能技術，規劃綠色能源革命的發展路徑
美國	《全方位能源戰略》	出台提升能效，發展太陽能、第四代和模塊化小型堆核能等清潔電力新計劃

資料來源：《能源技術創新「十三五」規劃》。

國家信息中心專家牛犁等人在一篇文章中指出，縱觀全球能源技術發展動態和主要能源大國推動能源科技創新的舉措，可以得到以下結論和啟示：一是能源科技創新進入高度活躍期，新興能源技術正以前所未有的速度加快對傳統能源技術的替代，對世界能源格局和經濟發展將產生重大而深遠的影響；二是綠色低碳是能源科技創新的主要方向，重點集中在傳

統化石能源清潔高效利用、新能源大規模開發利用、核能安全利用、能源互聯網和大規模儲能技術、先進能源裝備及關鍵材料等領域；三是世界發達國家均把能源技術視為新一輪科技革命和產業革命的突破口，制定了各種政策措施搶佔發展制高點，以增強國家競爭力並保持領先地位。

面對能源供需格局的新變化、國際能源發展的新趨勢，要為國家經濟社會的發展提供安全、綠色、高效的能源供給，就必須將推動能源生產和消費革命這一措施落到實處。在技術革命方面，要立足中國國情，緊跟國際能源技術革命新趨勢，以綠色低碳為方向，分類推動技術創新、產業創新和商業模式創新，並同其他領域的高新技術緊密結合，把能源技術及其關聯產業培育成帶動中國產業升級的新增長點。

專家建議，中國應在能源技術領域積極推進國際合作，廣泛開展雙、多邊合作與交流，加強與發達國家和地區在先進核能、高效儲能、高比例可再生能源消納、非常規油氣開發、先進能源材料、碳捕集與封存利用、燃氣輪機等領域的合作，提高中國在相關領域的技術水平；應緊密結合國家戰略，完善能源相關政策，提升能源技術裝備的國產化水平和市場競爭力；還應建立能源裝備出口服務機制，充分利用中國在新能源、大型水電、輸配電、煤炭深加工、清潔燃煤發電等領域的

優勢地位，依託重大工程建設和政府合作平台，結合「一帶一路」建設，支持中國能源技術走出去。

本章參考文獻

[1] 李海光 . 絕不比造一枚導彈簡單——中海油「貪吃蛇」成型記 [J]. 國企管理，2015(12)：60-63.

[2] 張國寶 . 篳路藍縷——世紀工程決策建設記述 [M]. 北京：人民出版社，2018.

[3] 林火燦 . 不斷提升國產化裝備的運行質量 [N]. 經濟日報，2010-08-31(12).

[4] 趙博，李欣智 . 鑄國之重器挺民族脊梁——重大能源裝備國產化之路 [N]. 中國電力報，2014-02-17(1).

[5] 經濟日報採訪組 . 煤製油：創新是最好的催化劑 [N]. 經濟日報，2017-06-15(10).

[6] 牛犁，王柏蒼，閆敏，等 . 替代能源發展對我國石油需求影響分析[J]. 石油科技論壇，2017，36(3)：7-15.

第七章

能效是最大的能源

引子

推進能源生產和消費革命，有助於中國在促進經濟發展的同時，擺脫資源環境瓶頸的制約，走出一條經濟增長與能源發展的雙重優化之路。而貫穿於消費革命、供給革命、技術革命和體制革命「四大革命」中的一條主線就是提升能效。可以說，提升能效是一場看不見的「能源革命」。中國的能效現狀不容樂觀，如果能大幅提升整體能效，就可用更少的能源消耗支持經濟更好地發展。能效成為重要的「隱形能源」意味着全社會要把能效的提升放在更加重要的位置。

　　2019 年 2 月，北京市發展和改革委員會公佈了 2018 年北京市能效「領跑者」單位名單（見表 7-1）。很多人不太了解能效「領跑者」是什麼，有何作用。事實上，從 2014 年開始，中國就正式啟動實施能效「領跑者」制度，核心是以「競相領跑、激勵後進」的方式，促進企業節能技術的進步。能效「領跑者」制度實施範圍包括終端用能產品、高耗能行業、公共機構，將以同類可比範圍內能效最高的產品、企業或單位作為標杆，給「領跑者」一定的政策扶持，引導追隨者追逐較高的能效標準，推動終端產品能效水平不斷提升。這也是運用市場化機制推進節能工作的重要手段，被看作「沒有財政補貼的產業新政」。

　　長期以來，能源問題一直是中國國民經濟發展中的熱點和難點。今後幾十年是中國工業化和城鎮化的關鍵時期，能源生產與消費的矛盾、能源利用與環境的矛盾將越來越突出。如何以較少的能源消耗實現現代化戰略目標？最快捷、最現實的途徑就是提升能效，推動能源體系朝着更高效、更清潔的方向發展。能效也在衝擊着人們關於能源發展的固有假設，即經濟增長必然帶來能源需求的同步增長。在能源供需變化的函數中，能效成為新的重要變量。

表 7-1　2018 年北京市能效「領跑者」單位名單

序號	行業	單位名稱
1	燃氣發電	大唐國際發電股份有限公司高井熱電廠
2	供熱	北京市熱力集團有限責任公司
3		北京縱橫三北熱力科技有限公司
4	賓館飯店	北京新華聯麗景灣酒店有限公司
5		北京永興花園飯店
6	文法財經大學	對外經濟貿易大學
7		北京物資學院
8	理工綜合大學	北方工業大學
9		北京林業大學
10	醫院	首都醫科大學附屬北京友誼醫院

資料來源：北京市發展和改革委員會網站。

7.1　看不見的「革命」

　　能源是人類文明發展進步的基石，人們對能效的追求從根本上支配了能源的發展。人類經歷了從薪柴到煤炭、從煤炭

到油氣的能源轉型，其共同點是從效率低的「高碳能源」向效率高的「低碳能源」演進。特別是近半個世紀以來，在能源技術進步的推動下，人類消費的能源總量不斷增加，能效也持續提升。1965—2015 年，全世界能源消費增長了 2.5 倍，但創造的經濟產出增長了 4.1 倍。主要工業化國家在經濟增長、民眾生活水平提高的同時，都經歷了能源密集度不斷降低的過程，這其中能效提升的作用不可忽視。如果沒有技術的進步和能效的提升，地球上有限的能源資源保障不了日益增長的能源需求，支撐不了世界經濟的永續發展，人類文明進步也就無從談起。

從當前世界能源的發展趨勢來看，提升能效被認為是能源轉型的基石。能效被稱為「隱形能源」和「最大的能源」，正日益受到人們的重視。如果說能效提升是一場革命，那它首先是思維觀念的革命。從經濟學理論的角度來看，在能源總量和消耗方面，人類正在反思一直以來從供給角度出發思考的錯誤邏輯，更多地從消費角度去研究能源，將能效作為一種新的「能源」來看待。或者說，人類應建立一種全新的思維 —— 能效是世界上最安全、最高效、最清潔、最環保的能源資源，是滿足全球能源需求的第一能源。

當前，中國處於推進能源轉型的重要歷史關口，隨着經

濟的發展，能源需求還將繼續增長。相對於發達國家來說，中國人均能源消耗量還處於較低水平。在追求美好生活、全面建成小康社會的同時，中國需要處理好經濟增長、能源需求上升與資源環境約束之間的矛盾，走出一條既能滿足經濟社會發展的需要，又能適應生態環保約束的道路。從這個意義上說，中國的能源問題首先是效率問題。提升能效既是保障能源安全的重要內容，也是降低環境風險的重要基礎。基於這一認識，中國已經將節約資源和保護環境確定為基本國策，大力倡導提升能效，把節能減排等要求作為約束性指標納入國民經濟和社會發展的中長期規劃，通過技術進步、優化能源結構和加強需求管理，提高經濟系統運行中的能效水平，其深層內涵就是要努力走出一條可持續發展的生態文明發展道路。

7.2　能效「富礦」

　　在應對全球氣候變化的大趨勢下，尤其是在後《巴黎協定》時代，世界各國都提出了大幅度減排的雄心計劃，但供應端的可再生能源短期難以等量代替傳統能源，所以各國均重視起節能和提升能效，將其作為呵護地球環境的先決條件和推進能源綠色低碳發展的重要抓手。

　　對於廣大發展中國家和新興經濟體來說，能效提升的空間更大。發展中國家在發展初期往往選擇能源密集型發展道路，導致能效水平總體偏低，因此提升能效的潛力很大。隨着新興經濟體經濟的快速增長，與其他解決能源供應的方式相比，提升能效投資更少、見效更快。

　　目前中國能效水平總體偏低，能源強度高於主要能源消耗國家的平均水平，提升能效的潛力很大。IEA 在其《2017年能源效率》這一全球報告中指出，相較於世界平均水平和發達國家平均水平，中國的能效仍然偏低，仍有較大的提升空間。

　　與此同時，自 2000 年以來，中國人均收入增長了 3 倍多，激發了國民對於現代能源服務的需求，人均能源消費量從每人 0.9 噸油當量[1]增加到每人 2.2 噸油當量。今後幾十年是中國工業化和城鎮化的關鍵時期，要緩解能源生產與消費的矛盾、能源利用與環境的矛盾，最快捷、最現實的途徑就是提升能效。中國也是世界上能效政策和行動方案最全面、推行力度最大的國家之一。根據 IEA 的統計數據，2000—2015 年，在

1　油當量，按標準油的熱值計算各種能源量的換算指標，1 噸油當量=1.428 6 噸標準煤。

能效提升政策的帶動下，中國的能源強度降低了 30%。

中國過去 30 多年的快速經濟增長，大部分來源於固定資產投資、重工業發展和製造業出口。2013 年以來，中國政府提出了新的發展戰略，更多地強調創新驅動和可持續發展對經濟增長的貢獻。這給能源領域帶來了顯著的結構變化，在當前的煤炭消費下降和能源密集型工業增長放慢的形勢下已初露端倪。

為實現碳減排和能源強度指標，中國採取了一系列措施，包括擴大碳排放交易，採用政策工具和金融手段鼓勵節能環保技術和產業發展，完善能效計量和管理體系，倡導消費者改變購買行為和生活習慣等，這些措施將對提升能效起到積極的作用。

7.3 效率競爭力

對於一個國家、地區或者企業而言，能效有多重要？說直白一些，它是可持續發展的動力，決定着這些組織、體系未來發展的命運。以日本為例，其各方面資源都十分貧乏，卻屬於能效最高的國家之一。日本是因為全民節能意識的普及助推了能效的提升。可以說，在能源轉型的過程中，能效對一個國

家社會經濟的發展將起到決定性作用。

中國已經是能源消費大國，但能源消費反映的是一國的經濟規模和消費能力等硬實力。能效作為反映一國技術水平和創新能力的軟實力指標，更是衡量國家實力不可或缺的標準。它不僅關係到能源的有效供應，也關係到環境承載力，還關係到國家在全球產業鏈中的價值分配。這不僅是一個技術問題，也是一個重大的經濟命題和社會命題。G20 杭州峰會核准了由中國政府牽頭制定的《G20 能效引領計劃》，這彰顯了中國在能效議題上從「參與者、跟隨者」向「主導者、引領者」角色的轉變。

當前，中國推進能效提升具備的條件更加完善。產業轉型升級推動經濟發展從要素驅動向效率驅動轉變，帶來了結構效應；新技術的推廣應用帶來生產率的提高；城鎮化導致人口和經濟活動更趨集中，帶來規模效應。從意識層面來說，環保低碳意識在大眾當中日益普及，人們越來越信奉「少即是多」的生活哲學；更為重要的是，隨着計算機技術、自動化技術以及物聯網技術的飛速發展，人們可以利用信息化紅利來提高全社會的能源配置水平，對能源結構進行系統優化。歸結來說，通過發揮創造性思維和創新技術的作用，人類智慧本身成為一種重要「能量」，並轉化為以「能效」為表象的能源形態，

因而「能效」本身就成了一種重要的能源創新產品。

能源變革時代，每個企業、每個家庭乃至每個人都可以為提升能效做貢獻。這就需要我們理解能效的重要性，準確把握能效的內涵，找到適合自身的提升能效的現實途徑。通常人們比較關注汽車、建築、製造等行業的能效提升，其實提升能效適用的領域遠比這更廣泛。無論是基於實際需求的能效技術，還是「能源足跡」的測量和可視化呈現；無論是全生命周期的「大能效」解決方案，還是高效便捷的第三方能源管理等，在能源生產、轉換和使用的各個環節都蘊藏着提升能效的廣闊空間和巨大潛力，經過探索能夠形成新的產品、技術和服務。只有依靠長期穩定的投資、健全有效的政策引導、節能技術的廣泛使用和消費者的不斷踐行，全社會才能釋放出提升能效的最大潛力。

要推進能效的提升，首先要了解能效的影響因素。表 7-2 列出了影響能效的四個因素，即結構因素、技術因素、制度因素和價格因素。結構因素又包括產業結構因素和能源結構因素兩個方面。[1]

---

1 參見搜狐科技頻道 2018 年 3 月 17 日的文章，耿旭、王建良所寫的《全面提升能源效率 —— 中國的必答題》。

表 7-2　影響能效的四個因素

影響能效的四個因素	
結構因素	產業結構因素：第三產業和輕工業的能耗強度遠低於重工業
	能源消費結構因素：高熱值能源（石油、天然氣）所佔比例越高，能效也越高
技術因素	技術進步和創新能夠帶來能效的提升
制度因素	社會管理效率的提升、資源配置水平的提升將帶來能效的提升
價格因素	價格因素主要通過供求關係對能效產生影響，如果能源價格過低，就會造成大量非效率消耗，從而降低能效

　　由此可見，推進產業結構調整、優化能源消費結構、聚焦技術創新、改革能源資源價格等措施都有利於能效的提升，這也是未來中國政府在宏觀層面推動能效提升的主要努力方向。我們不僅要關注國家整體能效的變化，還要關注不同地區、不同產業能效的差異性。從區域來看，中國區域間能效呈現「東高西低，南高北低」的特點；而且，區域之間的能效差距還在逐漸增大，區域分化現象愈發嚴重。

　　因此，提升能效，不僅要從國家宏觀層面進行整體規劃，努力調整結構，發揮市場的引領作用，還需要因地制宜，根據不同地區面臨的不同問題，有針對性地進行調整。

7.4　珍惜用好「能效紅利」

　　提升能效曾經對解決能源短缺問題、促進經濟發展起到重要作用，這是發達國家的成功經驗。工業化國家普遍經歷了一個能源強度先高後低的倒 U 型過程，從技術、政策到觀念等多個方面都有值得中國借鑒的經驗，但也存在「能效紅利」被濫用的情況，其中有政策導向、激勵機制、消費主義風尚等多方面的教訓值得我們吸取。

　　在過去的幾千年裏，人們對節約能源一直是非常在意的，因為在生產力不發達的時候，無論是使用牛糞、薪柴還是煤炭，都需要付出昂貴的成本，在成本收益理性支配下的人們會自覺地具有節省能源的動力。可到了 20 世紀中葉，全球石油經濟快速發展，石油充足而且廉價，人們關注的重點很自然地從少使用能源轉向獲取更多的能源。在 20 世紀 70 年代石油危機帶來的衝擊下，日本和歐美國家都在提升能效和節能方面取得了巨大的進步。但隨着危機的結束和石油價格的下降，消費者覺得沒有節約能源的必要了，努力節省能源的道德行為和責任似乎已經完成了歷史使命。比如在美國，里根總統上台後，廢除了許多節能方面的規定，政策導向朝着與原來相反的方向運行了。

在社會層面，盛極一時的節能運動逐漸偃旗息鼓。因為從理性「經濟人」的角度看，節能不再像過去那樣劃算。由於能源價格回落，經濟發展變得更加健康，消費者手中的可支配收入增加，能源成本在企業或家庭開支中所佔的比例越來越小，對更加高效地使用能源產生不了多大的刺激作用，原來那種讓人們自覺節約用能的激勵機制消失了。

這些導致的直接後果是，在全世界的各個地方、各個層面，能源的浪費現象比比皆是且觸目驚心。在能源的全生命周期中，從生產、轉化、運輸到使用的各個環節都存在大量的浪費。美國落基山研究所指出，美國所發的電力中有一半沒有必要，汽油燃燒的能量僅有 17% 被真正利用，用在標準加熱爐中的能源只有不到 1/4 用在了製作食品上。美國的發電廠「廢棄」的能源比整個日本經濟運轉所需的能源總量還要多。

能源與經濟發展的密切關係體現為能源依賴定律，其含義在於，一種能源越能帶來便利，效用越高，用得就越多；用得越多，對它的依賴就越深。能效提升的速度總是趕不上能源消費增長的速度，「能效紅利」被不理性的消費者以及企業在政策導向等多種因素的推動下濫用，這一點非常可惜。雖然單一設備和產品的能源消耗在大幅降低，但人們患上了「能源危機健忘症」，為了追求生活質量，使用的能源反而更多了。照

明系統越來越複雜，電視越來越多且屏幕越來越大，汽車排放量越來越高。這樣做的結果是，能效技術越發達，能源使用得就越多。

這說明能效提升中存在「反彈效應」。長期以來，工業化國家總是想方設法地維持其消費習慣，在經濟學上這叫作「棘輪效應」，中國俗話稱之為「由儉入奢易，由奢入儉難」。

由於分工的細化和生產體系的複雜化，消費者對能源經濟背後利益關係的認知能力在弱化，即使是受過高等教育的消費者對能源用量的了解也很少，沒有人清楚地知道自己一天使用了多少能源，其價值如何。這樣一種類似「能源盲」的文化使人們對如何正確而高效地使用能源缺乏切身的感性認知。受這樣的觀念影響，消費者很少去考慮使用能源的成本和回報問題，從而產生了很多不理性的消費行為。

在考慮提升能效時，我們要注意一種現象，不論是使用更高效的能源還是更高效的技術，都會受到原有基礎設施和技術標準的制約。這些基礎性的事物形成了一種路徑依賴，對新生事物構成了雙重制約。一是只有符合原有設施和標準要求的能源才能納入其軌道加以使用，例如，就像微軟的操作系統成為計算機的「標配」一樣，汽油設備已經成了交通領域的「Windows 操作系統」。整個能源經濟體中，歷經數十年建

立的龐大工廠、運輸網絡、管道、終端設備等基礎設施構成了一個規模巨大的體系。這樣一個龐然大物對於新技術和新產品的推廣會構成壓力，以至於即使能很好地提升能效的技術有時也無法與之兼容，或者只能在局部使用。二是建設這些設施投入的費用成為一筆巨大的沉沒成本，在其發揮效應的漫長時間裏，新技術需要用其優勢與舊體系的邊際成本競爭。原有基礎設施一旦建成，其內在慣性必然要儘可能地物盡其用，以攤薄其成本；一旦棄之不用，不僅會導致前期投入的浪費，而且意味着成本增加，造成巨大損失。在這種情況下，基礎設施體系雖然是維持能源經濟體系運轉不可或缺的條件，但客觀上也牽制了能效的提升。

提升能效是解決資源和環境問題的一劑良藥，體現着「少即是多」的哲學智慧。然而，依靠消費者的自律，卻難免與其利益相衝突；依靠政府非自然和不符合市場規律的干預也收效不佳；把錢花在尋找其他能源上來增加供應，也受制於基礎設施緩慢的更新。在這種情況下，人們需要走出對能源經濟學的一些認識誤區：並非只有能源短缺、價格高時才需要節約能源，哪怕是出於自利的目的，在更多的情況下，個體和企業都有動力在提升能效上下功夫。這種激勵節能的機制內涵在於通過提升能效能夠節約更多的成本。在提升能效上所花費的成本

如果遠低於節省下來的能源的價值，汽車、建築、工業生產等能源經濟的各個領域、各個行業，都會得到潛在的回報。

提升能效與其說是倫理責任方面的問題，不如說是經濟理性的體現，考慮的是如何通過獲得能源時花費的成本取得最大的收益，如何使用更少的能源創造更多的財富。這需要人們轉變觀念，從過去主要關注能源的供應轉變到關注能源的最終用途，即獲得什麼樣的能源服務，而用同樣的供應提供更多更好的服務，就相當於提升了能效。

本章參考文獻

[1] 胡森林，林益楷. 破解石油迷局：直擊當前石油熱點問題 [M]. 北京：石油工業出版社，2016.

[2] 胡森林. 能源大變局：中國能否引領世界第三次能源轉型 [M]. 北京：石油工業出版社，2015.

[3] 張勇. 節能提高能效　促進綠色發展 [J]. 求是，2017(11)：47-49.

第八章
煉化轉型升級之路

引子

　　「洋油」這一成品油從 19 世紀 60 年代進入中國,其壟斷局面直到新中國成立才徹底改變。隨着大慶油田的發現、一系列重大煉油化工技術的突破以及多個煉油大工程的建成,中國終於結束了依賴「洋油」的歷史,並逐步成為世界煉油大國。新中國成立後的 70 年間,中國煉油化工行業經歷了苦難與輝煌,特別是改革開放以來,其市場化進程取得了長足進展,但也增添了產能過剩這樣的煩惱。面對近年洶湧而來的數字變革和低碳發展潮流,煉油化工產業轉型升級之路也面臨新的挑戰與機遇。

對於生活在 21 世紀的中國人來說，隨着家用汽車以及加油站的普及，行至半途順路「加油」已經成為一個再平常不過的生活習慣。而在六七十年前的中國，這樣一種生活方式根本不敢想像。

當我們把目光回溯至新中國成立前，那時候汽車還十分罕見，如今隨處可得的各類石油產品，當時的中國也沒有能力自給。無論是普通百姓家的燈油，還是達官貴人的汽車所用的油品，絕大部分都是美孚等外國石油公司提供的。數據顯示，1904—1945 年，中國累計原油生產量只有 278.5 萬噸，而在此期間共進口「洋油」2800 萬噸。「洋油」成為中國人生活中的必備品，這在一些文學作品中也有所體現。例如，茅盾在《春蠶》中寫道：「軋軋軋的輪機聲和洋油臭，飛散在這和平的綠的田野。」那時，因為無法實現成品油的獨立自主供給，中國人戴上了「貧油」的帽子。

今非昔比。現在，中國不但成品油不再短缺，反而出現了產能過剩；不但能生產汽油、柴油、煤油等各種油品，還能生產其他種類繁多的化工產品，遠銷國外。新中國成立後的 70 年間，在煉油化工領域，到底發生了什麼樣翻天覆地的變化？

8.1　摘下「五朵金花」

1959 年，一部名為《五朵金花》的電影紅遍大江南北。該片講述了白族青年阿鵬與人民公社副社長金花在大理「三月街」上一見鍾情，次年阿鵬走遍蒼山洱海尋找金花，消除一次次誤會之後，有情人終成眷屬的故事。

然而對煉油化工行業的人來說，「五朵金花」有着別樣的含義，那就是五種和煉油有關的工藝技術。這五種新工藝新技術的專業「大名」分別是流化催化裂化、催化重整、延遲焦化、尿素脫蠟，以及有關的催化劑與添加劑。在 20 世紀 60 年代，這五種新技術是中國煉油事業的標誌性成就。

新中國成立初期，中國的石化工業還處在一窮二白的起步階段。那時，全國的原油年產量只有區區 12 萬噸，僅能生產 12 種油品。與發達國家相比，中國的煉油技術要落後三四十年。1959 年在東北發現大慶油田後，中國的原油產量突飛猛進。然而，由於技術落後，全國只有 19 萬噸 / 年的煉油能力。這就好似有了上好的大米，卻依然吃不上香噴噴的白米飯。

為了不受制於人，20 世紀 60 年代，石油工業部提出了非常清晰的煉油政策導向，那就是「新技術，深加工」「吃光榨

盡」，爭取「三年過關，五年立足國內」。在此背景下，1962年秋，中國煉油工業的各路「英豪」齊聚北京香山，共商自主創新煉油新工藝、新技術之大計，最終確定了以流化催化裂化、催化重整等五大工藝技術為主攻研究方向。在中國著名的化學工程專家侯祥麟的主持下，煉化科技人員在短短幾年內即攻克了上述五大關鍵技術，成功摘下「五朵金花」。然而，攻關之路絕非坦途。「五朵金花」關乎全局，上下關注，讓時任石油科學研究院副院長的侯祥麟壓力重重。「大到科研方向、方案制定，小到試驗環節、材料準備，侯祥麟無不親自過問。」當年參與攻堅的閔恩澤（後被選為中科院院士）對此記憶猶新。

「五朵金花」之一的催化重整工藝在石化工業中舉足輕重。但由於這一技術需要貴金屬鉑作催化劑配料，科研人員犯了難。要知道，鉑比黃金還貴重，中國無鉑，全靠進口。有人認為這麼搞不合算，不符合國情。平素和氣的侯祥麟這一次竟力排眾議，堅持用鉑。事實證明，正是因為這一堅持，催化重整技術才喜獲突破。一朵，兩朵……「五朵金花」在短時間內一一綻放，開花結果。到1965年底，「五朵金花」的成功研發使原定於1972年底完成的任務超前完成，讓中國原本十分落

後的煉油工業技術很快接近了當時的世界先進水平。[1]

　　當年年底，中國石油產品品種達 494 種，汽油、煤油、柴油、潤滑油四大類產品的產量達 617 萬噸，自給率 100％，中國人用「洋油」的歷史從此一去不復返。時任石油工業部部長的余秋里曾激動地說：「這是煉油行業放了個原子彈。」

　　繼 20 世紀 60 年代的「五朵金花」之後，中國煉化人並沒有止步，而是繼續攀登科學的高峰。到了 20 世紀 80 年代，催化裂解、乙烯裂解爐等四項達到世界先進水平的新技術又橫空出世，被譽為「新四朵金花」，為打破國外大公司長久以來的技術壟斷做出了突出貢獻。

　　70 年來，從「五朵金花」到「新四朵金花」，中國煉油工業通過自主創新、科研攻關，以自主開發和引進消化吸收相結合的方式，從跟跑到並跑，再到在某些技術上的超越，中國煉油技術已總體達到世界先進水平，部分處於世界領先水平。目前，中國已具備自主建設現代化千萬噸級大型成套煉油裝置的工程技術能力，擁有生產相當於歐V、歐VI質量標準汽柴油的核心技術，渣油轉化、提高輕油收率、多產汽油和芳烴、多產航煤、油化綜合等系列技術正在或已經取得突破。中

1　參考人民網 2005 年 9 月 7 日的文章《煉油英雄侯祥麟的世紀人生》。

國煉油所需的催化劑已實現自給，還實現了部分出口外銷。

目前，中國煉油工業已擁有一批具有自主知識產權的核心技術和專有技術，這不僅支持了行業的可持續發展，而且使中國的煉油技術像高鐵、核電、大型橋梁建設等工程一樣，成為中國製造對外推介的靚麗名片，部分技術還已出口轉讓，在國際上為中國贏得了良好的聲譽。中國一些大煉廠已具備加工來自不同國家 160 多種不同性質原油的能力，綜合加工能力、深加工能力大大加強。

8.2 「大煉油」橫空出世

2018 年 10 月 16 日，在國務院總理李克強與荷蘭首相呂特的見證下，中海油與殼牌集團在荷蘭海牙簽署惠州石化化工項目合作諒解備忘錄。根據協議，雙方將探討合作建設生產裝置，旨在全面發揮產業集群的優勢，在大亞灣建設一個規模和競爭力都處於全球一流水平的大型煉化一體化基地。截至 2018 年底，惠州石化基地已具備 2200 萬噸 / 年的煉油能力和 220 萬噸 / 年的乙烯生產能力。

從中國煉油近年來的發展格局來看，「大煉油」局勢日益凸顯，惠州石化基地的建設只是其中較為突出的案例。

「十三五」期間，中國有序推進大連長興島（西中島）、河北曹妃甸、江蘇連雲港、上海漕涇、浙江寧波、福建漳州古雷和廣東惠州七大石化產業基地的建設，推動中國煉油行業向裝置大型化、煉化一體化、產業集群化方向發展。目前，中國煉油能力達到 7.72 億噸／年，全國千萬噸級煉廠有 25 家，合計煉油能力達 3.37 億噸／年，約佔全國煉油能力的 43.7%。

近年來，擔心國內煉油行業產能過剩的聲音不時響起，有些人甚至擔心煉油行業會成為下一個「鋼鐵行業」。從數據上看，2018 年底中國的煉油能力為 8.31 億噸／年，大約過剩 0.9 億噸／年。儘管如此，中國煉廠的集中度和規模與國際一流水平相比還有較大的差距。國內煉廠的平均規模只有 412 萬噸／年，與世界煉廠 759 萬噸／年的平均規模有較大差距。因此，我們在看到煉油總能力過剩的同時，更應該看到，先進產能不足、一體化水平不高、區域佈局不平衡、各煉廠間主要技術經濟指標和裝置水平不均衡等問題，這些問題仍是中國煉油行業需要直面的事實。

基於目前的行業格局，中國仍然需要大力推進國內煉油行業的供給側結構性改革，一方面是加速優質產能建設，另一方面是淘汰落後產能。國內煉油市場將繼續朝着裝置大型化、產業集群化、園區基地化的方向邁進。

在優質產能替代落後產能的過程中，大型央企、地方
煉廠、合資企業、民營企業等各類市場主體都扮演着重要角
色。中石化、中石油等大型能源央企仍是煉化轉型升級的主
力，民營企業也開始成為一股不可忽視的重要力量，特別是
「新力量煉廠」（包括地方煉廠和民營煉廠）的崛起，其煉油加
工能力和成品油產量增長情況見圖 8-1。

這其中，以山東地煉 [1] 為代表的民營小煉廠尤其值得關
注，原本它們都是「小而亂」的代名詞，但近年來也開始脫胎

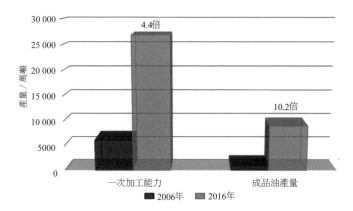

圖 8-1　國內「新力量煉廠」2006 年和 2016 年煉油加工能力和
成品油產量增長情況
根據《2016 年國內外油氣行業發展報告》相關數據整理

1　地煉，指地方性煉油廠。國內通常以地煉代指山東地方煉油廠。

換骨，市場集中度逐步提升。2018 年，山東省政府提出，地煉行業在未來 4～7 年內將加速轉型升級，到 2025 年，全省地煉原油加工能力將由目前的 1.3 億噸／年縮減到 9000 萬噸／年左右，減少約三成。煉油能力在 500 萬噸／年及以下的地煉工廠將分批分步進行減量、整合或轉移。

除山東地煉的擴能升級之外，浙江、江蘇等地的民營煉油企業也表現突出。浙江石油化工有限公司 4000 萬噸／年的煉化一體化項目位於浙江舟山的魚山島，總投資高達 1730 億元，是全球投資最大的單體產業項目。此外，恆力集團、盛虹集團也啟動了千萬噸級以上的大煉化項目，並陸續向市場投放產品。

在近幾年煉化產能的擴張中，打造煉化一體化的完整產業鏈成為趨勢。一方面，國有大型煉廠積極進行升級改造，一些企業開始從燃料型煉廠向化工型煉廠轉型；另一方面，下游的民營化纖企業積極向上游延伸，進入煉油化工行業，建立起完整的產業鏈。在市場參與者的共同努力下，預計未來幾年，國內「油強化弱」、石化類高端產品缺乏的現狀將逐步得到改善。

8.3　零售終端「硝煙」燃起

中石化油品銷售業務的混合所有制改革，算得上是 2014 年國內能源行業的一大熱點事件。當年 2 月 19 日，中石化發佈公告，率先在油品銷售業務中引入社會和民營資本，實現混合經營，授權董事長在社會和民營資本持有銷售公司股權比例不超過 30% 的情況下，確定投資者、持股比例、參股條款和條件，組織實施該方案及辦理相關程序。

此消息一出，立即引起震動，包括騰訊、順豐快遞、大潤發在內的眾多投資者攜資金蜂擁而至。而與此同時，中石化混改也陷入「增資方案是『餡餅』還是『陷阱』」的爭論中。時任中石化黨組書記、董事長的傅成玉更因聲稱「羊毛出在豬身上，未來加油可不花錢」[1]引得各方熱議。

很多投資者之所以對中石化銷售公司混改熱切關注，無疑是看中了該公司旗下的 3 萬多座加油站，這不僅是一筆規模巨大的優質資產，也意味着中石化在油品零售終端擁有巨大的先發優勢。在很多投資者看來，中石化零售業務未來具有很大

---

[1]　參考鳳凰網財經頻道 2015 年 1 月 19 日的文章《中石化董事長：羊毛出在豬身上　未來加油可不花錢》。

的增長空間，例如發展非油品業務。據了解，國外成熟市場的加油站利潤有 50% 來自非油品業務，中國也完全可以借鑒這一模式。

中石化易捷便利店是中國門店數量最多的便利店，門店數量超過 2.5 萬家。非油品業務無疑是一個潛在的巨大「蛋糕」。事實也印證了這一判斷。中石化銷售公司重組引資完成三年多後，在鞏固傳統油氣銷售業務的同時，新興業務（非油品業務）進入快速增長階段，2016 年交易額為 351 億元，2014—2016 年平均復合增長率達 43.3%。

時光轉瞬到了 2019 年，關於中石化銷售公司即將首次公開募股（IPO）的消息在媒體界流傳。然而，就在過去的幾年間，傳統油品零售行業的外部環境也發生了翻天覆地的變化。掌握了終端渠道就擁有了不可撼動的市場競爭地位的觀念，似乎也正在面臨新的挑戰。

隨着全球能源轉型的加速推進以及數字時代的到來，交通領域的石油消費模式也發生了結構性的重塑。殼牌公司英國區主席林奇女士在一篇文章中提到，交通領域燃料正在發生新的全球性革命，汽油和柴油作為傳統交通燃料的「霸主」，其地位受到很大衝擊。

我們已經開始看到交通燃料替代競爭的硝煙。數據

顯示，2016 年中國壓縮天然氣（Compressed Natural Gas，CNG）、LNG、乙醇、甲醇、電動汽車所用的電能、生物柴油等燃料共替代汽油和柴油超過 2000 萬噸。

首先是低碳燃料的替代。天然氣汽車數量增長較快，特別是 LNG 重型卡車的數量呈飛速增長態勢。乙醇汽油的發展也在提速，有機構預計，如果乙醇汽油實現全覆蓋，其替代的傳統汽油量將由 2016 年的 237 萬噸增至 2020 年的 1000 萬噸。

其次是電力的替代。高鐵出行的日益普及，正在「侵蝕」中長途客運、航空出行和大型卡車的油品消費。而電動汽車的使用近年來更是呈現爆發式增長的態勢。從中長期來看，電動汽車對內燃機汽車的替代速度將迅速提升。特別是一旦燃料電池、高密度儲能電池等技術獲得重大突破，將可能對成品油消費造成巨大的衝擊。

還有共享模式帶來的能源的節約。近年來互聯網共享經濟模式蔚然興起。艾媒諮詢數據顯示，2018 年中國共享單車用戶規模達到 2.35 億人。預計隨着共享汽車等共享經濟模式的深入推進，交通出行效率將得到持續優化和提升，成品油消費將進一步降低。中國石油經濟技術研究院預測，2020 年共享出行將降低 400 萬噸的石油消費。

圖 8-2
加油站兼具充電服
務功能

　　石油零售終端企業如何應對上述變局？從目前來看，很
多石油公司都在積極應對交通行業「去碳化」的趨勢，努力為
消費者提供加油、加氣、充電等多元化的能源供應服務（見圖
8-2）。同時，部分加油站還將打造小型的商業綜合體，包括探
索「加油站＋便利店」「加油站＋便利店＋汽車服務中心」「加
油站＋大型超市」「加油站＋綜合服務中心（餐飲、住宿、娛
樂、汽車維修）」等多種零售服務的組合形式。這樣的綜合體
或將成為未來加油站發展的主流趨勢。

　　隨着數字變革愈演愈烈以及「互聯網＋成品油」概念
的流行，成品油市場營銷模式即將發生深刻的改變，市場將
逐步從依靠數量擴張和價格戰的同質化競爭向跨業態的生態
系統間競爭轉變。積極利用互聯網技術深度改造終端銷售渠

道，也成為很多石油企業的必然選擇。這場油品終端零售革命將給傳統石油巨頭的商務模式帶來衝擊，也將深刻影響到每一位消費者。

8.4　走向世界

對全球石油石化巨頭來說，2015 年是艱難的一年，持續低迷的國際油價使得石油石化行業的盈利大幅下滑，降低產能、減少投資、降薪減員成為這些企業應對「寒冬期」的共同策略。但對中國地煉企業來說，2015 年卻是豐收之年，原油進口權和使用權、成品油出口權相繼下放，原油加工量、成品油產量、利潤均創新高，生產熱情空前高漲。地煉「一枝獨秀」，不僅引起了國內石化行業人士的普遍關注，也吸引了全球著名投行的目光。

然而，國內煉油企業的「小陽春」到底能夠持續多久？目前來看，情況似乎不容樂觀。隨着國內經濟進入「新常態」，經濟結構轉型和增長動能轉換正對成品油消費帶來重大影響，國內成品油市場消費放緩趨勢明顯。

根據中國石油經濟技術研究院的統計，2016 年國內成品油消費首次出現負增長，2017 年成品油消費增速由負轉正，

呈中低速增長（同比增長 3.2%）。其中，受乘用車銷量增速顯著下降等因素的影響，汽油消費增速僅為 3.0%，降至 2006 年以來的最低點。2017 年，儘管柴油表觀消費量在連續三年負增長後出現反彈（同比增長 2.0%），但預計此回升態勢難以持續。長期來看，汽油需求有望維持比較平穩的增長，但柴油需求已經進入一個不可逆轉的下行周期。

　　國內煉油市場供需過剩加劇，對外出口成為一大趨勢。2015 年，中國的航空燃油打入了歐洲市場，汽油產品又在 2016 年敲開了尼加拉瓜的大門。2017 年受國家收緊出口配額的影響，中國全年成品油淨出口量增速大幅回落，但 2018 年國內煉油產能擴張導致成品油資源過剩進一步加劇，相關產品

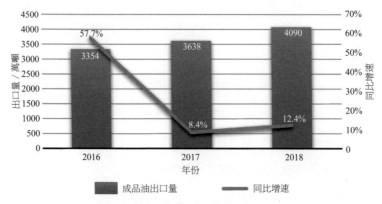

圖 8-3　近 3 年中國成品油出口增長情況
資料來源：中國石油經濟技術研究院

的出口增速略有增加（見圖 8-3），預計 2019 年成品油出口量接近 5000 萬噸大關。

　　然而，「走出去」絕非一路坦途。隨着近年來北美、中東地區煉油產能的持續增長，全球多個地區煉油產能過剩趨勢加劇，中國油品出口正面臨着更加激烈的競爭。有機構預計，全球煉油業產能過剩將始於 2023 年。展望未來一段時間，中國的煉油企業將面臨內外部產能「雙重過剩」的嚴峻挑戰。國內的煉油商要想在全新的競爭時代生存、發展好，加快企業轉型步伐、提升產品競爭能力將是唯一的出路。

本章參考文獻

[1] 劉朝全，姜學峰 . 2017 年國內外油氣行業發展報告 [M]. 北京：石油工業出版社，2018.

[2] 林益楷 . 國內煉油行業格局變遷的四大趨勢 [J]. 能源，2018(2)：51-53.

第三部分

通往美麗中國

　　助力美麗中國建設，是中國能源發展的題中應有之義，其核心是破解經濟發展與資源供給、環境保護相平衡的難題，通過化石能源清潔化與清潔能源規模化，走出一條資源與環境的雙重優化之路。

第九章

天然氣的希望之光

引子

中國儘管有着使用天然氣的悠久歷史，卻是一個大「氣」晚成的國家。改革開放以來，天然氣從一種鮮為人知的資源到成為各地爭搶的「香餑餑」，市場越做越大。作為最清潔的化石能源，天然氣被認為是全球向低碳甚至零碳能源過渡的最佳橋梁。加快突破天然氣產業發展的瓶頸，將有力地推動中國能源生產和消費革命。

　　人人都聽說過火山噴發，那是地殼裏的巖漿迸發時的景象。但你知道嗎，在這個世界上還有一個巨大的「火坑」。

　　土庫曼斯坦的卡拉庫姆沙漠中，有一個被譽為「地獄之門」的巨型火坑（見圖 9-1），直徑為 50～100 米，深達數百層樓。這個巨型火坑自 20 世紀 70 年代起就開始熊熊燃燒，從未熄滅，我們也無法預測它何時會熄滅。支撐這個巨型火坑燃燒的主要物質就是天然氣。根據估算，「地獄之門」每年燃燒掉的天然氣價值高達 500 億美元。

　　「地獄之門」的天然氣資源被白白燃燒掉，簡直是暴殄天物。因為在世界上其他地方，為滿足社會經濟發展和日常生活對清潔能源的需求，人們都在努力尋找和開發天然氣資源。

圖 9-1　土庫曼斯坦的「地獄之門」
圖片來源：觀察者網

中國是一個大「氣」晚成的國家 —— 儘管有着利用天然氣的悠久歷史，但直到改革開放之初，天然氣在整個國家能源結構中的比例幾乎都可以忽略不計。經過 40 多年來的艱辛探索和發展，中國天然氣產業已經跨入「氣勢如虹」的發展階段。2018 年，中國天然氣消費量突破 2800 億立方米。將天然氣作為主體能源、加快突破天然氣產業發展的瓶頸，將有力地推動中國能源生產和消費革命。

9.1　天然氣為何受熱捧

中國是世界上最早開發利用天然氣的國家之一。早在 2000 多年前，四川邛崍一帶就有用天然氣煮鹽鹵水來生產鹽的記錄。

不過，從另一個角度看，天然氣在中國大規模使用的歷史並不長。在改革開放之初，天然氣作為一種能源，還只是為少數人所知。

張國寶在回憶過往時，談到過一件十分有趣的事情。2004年 12 月 30 日，橫亙九個省（區、市）的「西氣東輸」一期工程比原計劃提前一年正式商業運營。不過在此之前，中石油在尋找市場的時候吃了很多「閉門羹」。特別是當中石油提出按國際慣例簽訂「照付不議」合同時，很多省（區、市）並不敢

簽。一方面，他們對中石油的產量能否滿足其要求心存懷疑；另一方面，他們也擔心本地消費者不能接受天然氣的價格，而且「照付不議」怎麼聽都像是「不平等條約」。為了推銷天然氣，當時國家發展改革委的領導與中石油的銷售人員一起，到沿線省（區、市）做動員工作，找銷路、拓市場。那時，人們對天然氣的優勢及發展趨勢的認識還存在局限性，對接受「西氣東輸」天然氣的積極性不高。

然而，「西氣東輸」工程商業運營不到兩年，國內天然氣市場就徹底火爆了。很多省（區、市）開始後悔當初沒有要天然氣，或者天然氣要少了。據張國寶在《篳路藍縷 —— 世紀工程決策建設記述》一書中的記載，2004—2013 年，中國天然氣年消費量由 415 億立方米增加到 1676 億立方米，佔一次能源消費的比例由 2.6% 提高到 5.9%。其中，2003 年，「西氣東輸」管道輸氣量僅為 8836 萬立方米，到 2012 年已經躍升至342 億立方米，約 10 年前的 387 倍。

小檔案

1 立方米天然氣都能做什麼？

1 立方米天然氣平均可供一個三口之家做飯和洗澡兩天。

1 立方米天然氣大約可以支持家用三廂小汽車（在不堵車的情況下）跑 10～18 千米。

1 立方米天然氣產生的熱量大約等同於 1.20 千克煤炭產生的熱量。

1 立方米天然氣可以發 4～5 千瓦時的電。

1 立方米天然氣能燒開 107 升水。

這樣一種曾經鮮為人知的能源，如何在短短幾十年的時間裏變成「香餑餑」，成為各地爭搶的熱門資源？當然不是因為有人幫忙吆喝，而是與天然氣本身的優勢密不可分。

作為一種潔淨環保的優質能源，天然氣幾乎不含硫、粉塵和其他有害物質，燃燒時清潔乾淨，能延長工業鍋爐、熔爐的使用壽命，也能有效減少二氧化硫和粉塵的排放；同煤炭、石油相比，在相同能耗條件下，也能明顯減少二氧化碳和氮氧化合物的排放量，有助於抑制酸雨的形成，緩解地球溫室效應，從而能根本上改善環境質量。

近年來，天然氣已經廣泛應用於居民日常生活、製造業、發電及供熱、交通運輸等多個領域，其消費結構見圖 9-2。

在天然氣的應用中，最直接影響老百姓生活的還是城市

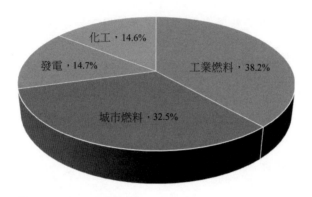

圖 9-2　天然氣消費結構
資料來源：《天然氣發展「十三五」規劃》

燃氣。2017 年能源大轉型高層論壇發佈的《中國天然氣發展報告（2017）》顯示，2016 年，中國用氣人口首次突破 3 億人。2017 年 5 月，國家發展改革委和國家能源局制定了《中長期油氣管網規劃》，提出 2015 — 2025 年，中國城鎮用氣人口將以年均 6.6% 的增速持續增長，到 2025 年達到 5.5 億人。屆時，擁有 50 萬以上人口的城市將實現天然氣管道基本接入。

工業用氣長期佔據天然氣消費的「大頭」。在工業領域，天然氣不僅可以作為生產化工產品（例如化肥）的工業原料，還可以作為工業燃料，代替其他能源（煤炭、電力等），主要應用於工業鍋爐、窯爐。與其他能源相比，天然氣熱值高，燃氣爐具升溫快、爐溫易控制，同時無煙塵污染，可顯著提

高產品質量。近年來，隨着環境治理力度的持續加大，各地加大了在高耗能行業推廣使用天然氣的力度，推動天然氣需求不斷上漲。

　　天然氣發電則是近年來迅速發展的一項新興技術。天然氣作為一種優質清潔能源，用於發電可明顯減輕日益加重的環保壓力，是實現廢氣減排和能源供應可持續發展的有效途徑，也是現代能源領域發展不可逆轉的潮流。天然氣電廠機組啟停快，負荷適應性強，運行靈活；佔地面積小，能夠在城市負荷中心實現就地供電，有利於電網安全穩定和經濟運行。

　　目前，中國燃煤發電成本遠低於美國，天然氣發電成本則遠高於美國（見圖 9-3）。據前瞻產業研究院發佈的《2018—

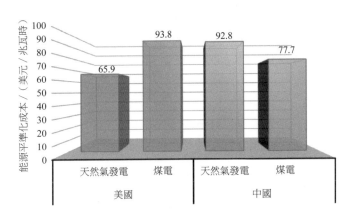

圖 9-3　中美天然氣發電與煤電的成本比較

資料來源：國際天然氣聯盟

2023 年中國天然氣發電行業市場前瞻與投資戰略規劃分析報告》預測，到 2040 年，中國發電量能源結構中，煤電比例將下降到 35%，而天然氣的發電量比例將增加到 24%。

中國的《天然氣發展「十三五」規劃》也明確提出，要推動天然氣發電與風力、太陽能發電、生物質發電等新能源發電融合發展。2020 年天然氣發電裝機規模預計達到 1.1 億千瓦以上，佔發電總裝機量的比例超過 5%。

9.2　管網建設提速

「要致富，先修路」這句許多人都耳熟能詳的俗語，說明了道路對於經濟和社會發展具有重要意義。天然氣管網作為天然氣供給的重要通道，同樣是決定天然氣產業能否做大做強的關鍵因素之一。

長期以來，中國油氣管網建設滯後於油田的開發。中國油氣管網的建設很大程度上受益於勝利油田、遼河油田、華北油田、中原油田等油田的快速開發。

進入 20 世紀 90 年代，隨着改革開放繼續深入推進，國內油氣資源勘探開發的力度持續加大，勘探開發的區域向西部和海域拓展，油氣產量不斷增長。特別是在塔里木盆地、陝甘

寧盆地、四川盆地、柴達木盆地和沿海地區先後發現的大型油氣田，促使管網建設提速，產業格局也發生了相應改變，實現了跨區域突破。

在中國油氣管網建設中，有幾個重大的標誌性工程不得不提。

首先是「西氣東輸」工程。20 世紀 90 年代，中國石油勘探工作者在塔里木盆地西部的天然氣聚集帶上，相繼探明了 21 個大中小氣田。彼時，煤炭佔一次能源生產和消費的比例均高達 70%。大量燃煤使大氣環境不斷惡化，發展清潔能源、調整能源結構已迫在眉睫。

為了讓「窩在盆地裏」的清潔能源得到利用，也為了推動西部地區的發展，2000 年 2 月，「西氣東輸」工程獲批。這一工程西起塔里木盆地的輪南油氣田，東至上海，全長 4200 千米，是中國距離最長、管徑最大的輸氣管道，也是僅次於三峽工程的又一重大投資項目。

2007 年，這一中國距離最長、管徑最大、投資最多、輸氣量最大、施工條件最複雜的天然氣管道工程全部建成。此後，中國又先後規劃和建設了「西氣東輸」二期、三期乃至四期管網。

其次是前文提到過的「川氣東送」管道項目，這是中國

又一條橫貫東西的能源大動脈。這一工程是在普光氣田勘探取得重大突破的基礎上，於 2007 年 4 月 9 日經國務院批准，同年 8 月 31 日正式開工建設的。這是集天然氣勘探開發、淨化集輸、管道輸送以及天然氣利用、市場銷售於一體的系統工程。

此外，隨着中國成為油氣進口國，國家及時調整了能源發展戰略，確立了利用「兩種資源、兩個市場」的發展思路，油氣管網建設開始從國內走向國外，中俄原油管道、中亞天然氣管道、中緬油氣管道等一批管網工程相繼開工建設並建成投入使用，全面、系統、開放的油氣管網體系基本形成。

總體來看，經過多年發展，中國油氣管網規模不斷擴大，建設和運營水平大幅提升。如今，在中國遼闊的大地上，一條條鋼鐵巨龍蜿蜒前行，將寶貴的天然氣資源輸向祖國的四面八方，抵達千家萬戶。

截至 2018 年底，中國油氣長輸管道總里程累計達到 13.6 萬千米。其中 2018 年當年，全國新建成的油氣管道總里程約 2863 千米，新建成管道仍以天然氣管道為主。但與美國等管網發達的國家相比，中國油氣管網總體規模仍然偏小，管網的網絡化程度比較低，發展仍然任重道遠。

根據《中長期油氣管網規劃》，2020 年中國油氣管網規

模將達到 16.9 萬千米，其中天然氣管道里程達到 10.4 萬千米；
到 2025 年全國油氣管網規模將達到 24 萬千米，其中天然氣主
幹管網全部連通；到 2030 年，全國油氣管網基礎設施較為完
善，普遍服務能力進一步提高，天然氣利用逐步覆蓋至小城
市、城郊、鄉鎮和農村地區，基本建成現代油氣管網體系。油
氣供需預測和管道預期發展目標見表 9-1。

表 9-1　油氣供需預測和管道預期發展目標

指標	2015 年	2025 年	年均增速
原油管道里程	2.7 萬千米	3.7 萬千米	3.2%
成品油管道里程	2.1 萬千米	4 萬千米	6.7%
天然氣管道里程	6.4 萬千米	16.3 萬千米	9.8%
原油管道進口能力	0.72 億噸	1.07 億噸	4.0%
原油海運進口能力	6 億噸	6.6 億噸	1.0%
天然氣管道進口能力	720 億方米	1500 億方米	7.6%
LNG 接卸能力	4380 萬噸	10000 萬噸	8.6%
天然氣（含 LNG）儲存能力	83 億立方米	400 億立方米	17%
城鎮天然氣用氣人口	2.9 億人	5.5 億人	6.6%

資料來源：《中長期油氣管網規劃》。

　　這意味着，未來油氣管網建設的步子將邁得更大、更
快、更穩。不過，這也需要中國加快解決油氣管網建設中存在

的一系列深層次的體制、機制問題的速度。2019 年中央全面深化改革委員會第七次會議強調，要推動石油天然氣管網運營機制改革，要堅持深化市場化改革，擴大高水平開放，組建國有資本控股、投資主體多元化的石油天然氣管網公司。該公司的成立將為這一目標的實現提供有利的管理和組織基礎。

9.3　不斷做大的 LNG 市場「蛋糕」

說起天然氣，LNG 是一個繞不開的話題。

LNG 即液化天然氣的英文 Liquefied Natural Gas 的縮寫。天然氣主要由甲烷構成。通過在常壓下將氣態的天然氣冷卻，使之凝結成液體，就可以得到 LNG。

作為一種清潔高效能源，LNG 被很多國家列為首選燃料。LNG 貿易正成為全球能源市場的新熱點。2018 年，全球 LNG 貿易量約 3.2 億噸，佔全球天然氣貿易量的 36%，同比增長約 10%，遠高於同期管道氣貿易量的增幅。

埃克森美孚公司預測，未來 20 年，全球踰一半的 LNG 需求增量將來自亞洲，而亞洲的增量中有一半以上將來自中國。卡塔爾官員薩阿德・謝里達・阿爾卡比也表示，中國是全球液化天然氣中心市場之一，希望今後能與中國有更多合

作成果。

跨國企業和油氣主產區看好中國 LNG 的市場前景，並非沒有道理。在全球能源體系中，尤其是在中國能源體系中，LNG 正扮演着越來越重要的角色。

從國際環境看，《巴黎協定》和《2030 年可持續發展議程》為全球加速低碳發展進程和發展清潔能源明確了目標和時間表，也為天然氣產業的發展創造了有利的外部環境。

從國內情況看，隨着中國加快推動能源生產和消費革命，以及新型城鎮化的不斷提速，加之油氣體制改革的有力推進，天然氣產業必將迎來新的發展機遇。大力發展 LNG 將對優化中國的能源結構，有效解決能源供應安全和生態環境保護的雙重問題，實現經濟和社會的可持續發展發揮重要作用。

經過近 20 年的市場培育和產業發展，近年來，中國 LNG 基礎設施不斷完善，市場逐步發育，機制政策也日臻完善。相關資料顯示，中國已經建成 LNG 接收站 21 座，年接收能力超過 8000 萬噸，累計進口 LNG 達 2.3 億噸。2018 年，中國 LNG 進口量超過 5300 萬噸，佔天然氣總進口量的 60%。中國已成為全球第二大 LNG 進口國，為世界 LNG 產業的繁榮發展做出了重要貢獻。

LNG 市場的「蛋糕」必然越做越大，這是不可逆轉的

趨勢。在這一進程中，誰能持續創新，誰就能分得更大塊的
「蛋糕」。

　　在 2019 年 4 月初舉辦的第十九屆國際液化天然氣大會
上，中海油董事長、黨組書記楊華指出，天然氣日益成為全球
能源轉型的支柱力量，而 LNG 已逐漸成為最活躍的天然氣供
應形式。中海油是中國最大的海洋油氣生產商，也是率先在
國內發展 LNG 產業的公司，在國內處於 LNG 產業的領軍地
位。中海油興建了中國第一個 LNG 項目 —— 廣東大鵬 LNG
接收站（見圖 9-4），截至 2019 年 4 月，中海油已投入運營的
LNG 接收站達到 10 座，年接收能力 4520 萬噸，同時其還將
繼續積極推動現有天然氣接收站的擴建和新項目的建設。

圖 9-4　中海油興建的中國第一個 LNG 項目 —— 廣東大鵬 LNG 接收站
圖片來源：中海油

　　與此同時，中海油積極推動技術、管理和業務模式的創新，通過 LNG 期貨現貨交易、LNG 罐箱水陸聯運、發展 LNG 交通新能源等途徑，大力推廣 LNG 產業，與各地共同實施「氣化長江」「氣化珠江」「氣化運河」等項目，為 LNG 的發展不斷注入新動力。

　　值得注意的是，隨着中國 LNG 需求量的不斷增加，LNG 海運市場也步入了高速發展的快車道，福建項目、上海項目、美孚項目、AP LNG 項目等一系列進口 LNG 的運輸項目投產上線。中國越來越龐大的需求正深刻影響着全球競爭格局。LNG 買家和船東正通過參股和控股的方式，逐步加大對 LNG 船舶運力的掌控力度，並在全球 LNG 運輸市場上扮演重要的角色，他們成為一股越來越令人矚目的力量。

　　目前，中國大型 LNG 運輸船隊已漸成規模。這一趨勢對於培育和擴大中國 LNG 船舶建造和運輸市場意義重大，並將為這一產業鏈上的能源、運輸及船舶製造企業等帶來更多機會。根據《中國能源報》的報道，到 2020 年，中國或將形成一個擁有 30 艘以上大型 LNG 運輸船舶的船隊，若按照每艘 LNG 運輸船舶每年 18 航次計算，中國自有 LNG 船隊將能夠承擔超過 3300 萬噸的 LNG 進口量，或將滿足大部分的 LNG 進口需求。

9.4　紓解「氣荒」困局

最近幾年，冬季採暖期幾乎都是天然氣供應最緊張的時期。

2013 年 9 月，國務院發佈的《大氣污染防治行動計劃》提出，到 2017 年，除必要保留的以外，地級及以上城市建成區基本淘汰每小時 10 蒸噸[1]及以下的燃煤鍋爐，禁止新建每小時 20 蒸噸以下的燃煤鍋爐；其他地區原則上不再新建每小時 10 蒸噸以下的燃煤鍋爐。

根據這一被稱為大氣治理「國十條」政策的要求，全國各地特別是北方地區紛紛加快推進「煤改氣」政策的實施，一大批燃煤小鍋爐提前「下崗」。

各地「煤改氣」的熱情高漲，給天然氣產業鏈及煤製氣等行業帶來了利好。不過，由於中國「富煤缺油少氣」，天然氣自給率低，隨着各地「煤改氣」的加速推進，需求增長過快，季節性波動加大，導致許多地方氣源緊張，加劇了供需矛盾。

天然氣的供需矛盾往往會直觀地反映在價格上。2017 年入冬後，國內天然氣「氣荒」現象又開始出現。國家統計局

1　蒸噸是一個工程術語，用於衡量鍋爐的供熱水平。

發佈的流通領域重要生產資料的市場價格變動情況顯示，2017年 12 月中旬，LNG 價格為 7409.8 元 / 噸，比 11 月中旬上漲了 68.7%，與 2017 年 1 月中旬相比上漲了 130%。從各地市場行情來看，部分地區的漲價幅度更大。

總的來看，「氣荒」的出現，除了是冬季需求激增，以及供應端供給減少等偶然因素所致外，主要還是由於中國天然氣產業鏈發展不協調，下游市場超前開發或過度開發。中國天然氣儲氣設施建設嚴重滯後，難以在調峰中發揮作用。

這些年來，針對入冬以後天然氣價格特別是華北地區LNG 價格大幅上漲的情況，有關部門和三大油企等主力供應商均採取了一系列措施，努力緩解天然氣供需緊張的局面。在國家發展改革委的協調下，有關方面千方百計增加資源供應，加強運行調度，平抑市場價格，穩定市場波動。各大企業有序開展資源互濟，實現「南氣北調」，以保證北方取暖地區的天然氣供應。

天然氣產能及地面配套工程的建設也在加快。近年來，中國在渤海發現了渤中 19-6 氣田，在南海發現了陵水 17-2 氣田，目前這些地區都在加快氣田的開發和配套管網等工程的建設，可為京津冀和粵港澳大灣區等經濟發達地區提供新的清潔能源。其中，陵水 17-2 氣田最快有望於「十三五」末期投產，

每年可生產 30 億～35 億立方米的天然氣。

　　基礎設施不斷完善，儲氣能力不斷增長，行業體制改革持續深化，LNG 市場日益成熟，天然氣產業格局更加合理，特別是加大國內天然氣勘探開發力度，促使海氣、陸氣、非常規氣、管道氣、LNG「多氣合一」的產業格局早日形成，冬季的「氣荒」將在未來成為歷史的名詞。

小檔案

上海 LNG 項目儲罐擴建工程

　　2019 年 3 月 25 日，上海市重大能源項目 ── 上海 LNG 項目儲罐擴建工程 4 號儲罐順利完成升頂，標誌着擴建工程完成重大里程碑建設節點。該儲罐是目前國內自主設計、自主施工的最大單體儲罐，罐容為 20 萬立方米，可轉換氣態天然氣約 1.2 億立方米。

　　上海 LNG 項目由申能（集團）有限公司、中海石油氣電集團有限責任公司共同投資。擴建工程於 2016 年獲得建設核准。繼 4 號儲罐升頂後，同期建設的 5 號儲罐也於 2019 年 4 月 25 日升頂，在完成所有設備的安裝和調試後，預計將於 2020 年正式投產。

擴建工程投產後，上海洋山 LNG 接收站的儲存能力將由目前的 49.5 萬立方米增加到 89.5 萬立方米，再配合上海燃氣五號溝 LNG 接收站 32 萬立方米的儲存能力，上海整體的 LNG 儲存能力將提升約 50%；上海洋山 LNG 接收站氣化外輸能力將由目前的每小時 104 萬立方米提升至每小時 186 萬立方米，上海天然氣保障能力也將由 15 天進一步提升到 20 天以上。

本章參考文獻

[1] 張國寶 . 篳路藍縷——世紀工程決策建設記述 [M]. 北京：人民出版社，2018.

[2] 仝曉波 . 40 年，成就天然氣消費大國——訪中國城市燃氣協會理事長劉賀明 [N]. 中國能源報，2018-09-03(2).

第十章

化石能源清潔化

引子

　　化石能源是目前全球最主要的能源，在中國能源消費結構中也牢牢佔據着主體地位。化石能源在開採過程中，難免會對環境造成干擾；在使用過程中，會產生大量溫室氣體（以二氧化碳為主）和其他煙氣，給生態環境帶來破壞。加速推動化石能源清潔化，是能源行業實現高質量發展的必經之路。

每當霧霾來襲，煤炭總免不了被「千夫所指」。不少人認為，以煤炭為代表的化石能源的使用，是產生霧霾的主要原因之一。如今，霧霾治理已經成為污染防治和生態建設的重要任務。在全民治霾的大背景下，煤炭等化石能源的清潔化利用受到越來越多的關注。

化石能源是目前中國最主要的能源，在一次能源消費中的佔比仍然超過 85%。如何推進能源行業供給側結構性改革，促進化石能源的清潔化利用，建設清潔低碳、安全高效的現代能源體系，是能源行業面臨的重要課題。

10.1　煤炭的清潔化利用

煤炭作為三大化石能源之一，在中國能源消費結構中佔據着十分重要的基礎性地位。這是基於中國資源保障能力、開發難易程度、生產和消費成本、運輸儲存、使用便捷性等因素，理智比選後形成的局面。雖然經過能源結構的持續調整，煤炭在中國能源生產總量和消費總量中的佔比明顯下降，但仍然佔有主導地位。

21 世紀以來，煤炭工業安全高效的生產水平不斷提高，煤炭供應能力大幅度增強。不過，隨之而來的卻是無節制的煤

炭消費，以及低效率、高排放、煙氣污染防控設施缺位等不負責任的消費行為，給大氣環境帶來了很大的負面影響。隨着「藍天保衛戰」的深入，煤炭行業自身也已經意識到能源清潔化利用的重要意義，並加大了探索力度。

燃煤發電目前佔全國總發電量的 70% 以上，佔煤炭消耗量的 50% 以上，是煤炭消費的「大戶」。在未來較長一段時間內，煤電仍將是中國的主要電力來源。大力發展煤炭清潔發電，是實現中國電力供應清潔、安全、可靠、經濟的必由之路，將對中國控制能源消費總量、治理大氣污染發揮重要作用。從消耗佔比上說，如果煤電能做到清潔化利用，煤炭消費所帶來的環境問題也就解決了一大半。

近年來，中國許多電廠已經開展了煤炭清潔發電的技術改造，並將超低排放作為生產標杆，力爭使火力發電的排放標準接近甚至低於天然氣發電。從實踐案例看，煤電超低排放在技術上已經取得突破，煤炭清潔化利用初見成效。截至 2018 年底，全國完成超低排放技術改造的燃煤電廠的總發電量達 8.1 億千瓦時。

根據相關部署，到 2020 年，具備改造條件的燃煤電廠將全部完成超低排放改造，位於重點區域且不具備改造條件的高污染燃煤電廠將逐步關停。這意味着，燃煤電廠超低排放改造

力度還將進一步加大。煤電超低排放打開了一扇通往煤炭清潔化利用的窗戶，技術上是可行的，不過在經營壓力之下，煤電超低排放技術在全國範圍內的推廣還有很長一段路要走。

　　煤炭是中國工業鍋爐最重要的燃料。燃煤工業鍋爐一直牢牢佔據中國工業鍋爐的主體地位，是僅次於火電廠的用煤大戶。中國煤炭工業協會公佈的數據顯示，目前中國在用燃煤工業鍋爐 47 萬餘台，佔在用工業鍋爐台數的 80% 以上；每年消耗標準煤約 4 億噸，約佔全國煤炭消耗總量的 1/4。

　　目前，中國在用燃煤工業鍋爐以鏈條爐排為主，實際運行燃燒效率、鍋爐熱效率均低於國際先進水平 15% 左右，煙塵排放量約佔全國排放總量的 44.8%，二氧化碳排放量約佔全國排放總量的 10%，二氧化硫排放量佔全國排放總量的 36.7%。專家指出，燃煤工業鍋爐是城市大氣污染的主要貢獻源之一，也是僅次於燃煤發電的第二大煤煙型污染源。

　　因此，研製生產並推廣應用清潔高效的新型燃煤鍋爐是當務之急。煤炭科學技術研究院借鑒油氣鍋爐和德國煤粉工業鍋爐的技術理念，開發自主技術，實現分散（佈）式煤炭清潔、高效燃燒利用，為中國燃煤工業鍋爐升級改造提供了技術支撐。

　　在其他領域，煤炭的清潔化利用也在持續推進。冶金行

業已經完成了 4.3 立方米以下焦化爐的淘汰工作，並通過煤焦一體化和焦爐氣深加工技術，大幅提升了煤炭焦化清潔生產的技術水平。建材行業新型乾法水泥生產已經在全國推廣，傳統的窯爐、濕法水泥生產線已經被全部淘汰，污染物排放達到國家標準，實現了高水平的煤炭清潔化利用。

中共十九大報告提出了加快生態文明體制改革，建設美麗中國，推進能源生產和消費革命，構建清潔低碳、安全高效的能源體系等具體要求。煤炭行業還需繼續貫徹落實中共十九大精神，從中國國情出發，加強散煤清潔燃燒技術攻關和設備研製，加大推廣利用力度，促進煤炭與新能源、可再生能源協同發展。

10.2　化石能源的清潔化生產

化石能源的清潔化生產是實現清潔化利用的重要前提。隨着綠色發展理念深入人心，傳統能源行業不僅面臨着綠色消費的挑戰，還面臨着綠色生產帶來的挑戰。

一位業界專家指出，保護環境不是不進行開發，因為自然資源不開發就無法造福人類，資源是為人類服務的，造福人類才能體現資源價值。如果資源放在原地不動用，不造福人

類，那麼它就沒有價值。但開發資源不能破壞環境，否則會影響可持續發展。因此，在開發過程中，必須對環境採取保護措施，堅決不能以犧牲環境為代價來開發資源。

在煤炭行業，煤炭的開採在為社會經濟發展提供重要能源保障的同時，也對生態環境產生了巨大影響。在煤炭開採過程中實現清潔化生產，使煤炭資源綠色開採形成常態，已經成為順應時代潮流的必然選擇。

近年來，中國已經陸續建成了以大柳塔、紅柳林煤礦為代表的一批千萬噸級礦井群，以及以錦界、黃陵二號井為代表的一批數字化礦山和智能化開採工作面，主要技術經濟指標達到國際先進水平，推動了中國煤炭生產力總體水平的提升。

2018 年，煤礦保水開採、充填開採等綠色開採技術得到普遍推廣，礦井水利用率達到 70.6%，煤矸石綜合利用率達到 64.2%，大中型煤礦原煤生產綜合能耗、生產電耗分別降至 11.82 千克標準煤／噸、20.4 千瓦時／噸，建成了同煤塔山、神華寧東等一批循環經濟產業園區，初步實現了礦山開發與環境保護和諧交融的發展模式。

此外，礦區土地復墾和生態修復工作也取得新的成果。開灤集團將礦山環境治理、礦業遺跡保護與礦業文化資源開發利用相結合，建設成高水平國家礦山公園，拉動了工業旅遊產

治理前　　　　　　　　　　　治理後

圖 10-1　國家能源集團準能集團位於內蒙古鄂爾多斯市準格爾旗的復墾區
治理前後地貌的對比

業的發展。神華國能（神東電力）致力於構築「三期三圈」生
態系統，截至 2016 年底，礦區生態治理面積達到 265 平方千
米，植被覆蓋率由開發初期的不足 10% 提高到目前的 60% 以
上。徐州賈汪區潘安湖採煤塌陷地通過綜合整治，形成了集中
連片高標準基本農田、濕地公園和產業園區，促進了礦區資源
開發與生態環境的協調發展。國家能源集團準能集團也對位於
內蒙古鄂爾多斯市準格爾旗的復墾區進行了治理，治理前後地
貌的對比見圖 10-1。

　　2019 年 1 月，山東兗礦集團魯西發電項目 2×60 萬千瓦
級煤炭地下氣化發電工程正式開工建設。這是山東省內首個
大型煤炭地下氣化發電工程，也是煤炭綠色開採利用的再次
創新。

油氣資源的清潔化生產同樣重要。目前，「三桶油」[1]都將綠色發展和節能減排放在重要位置。

作為中國大型能源央企，中海油始終以提供優質能源為己任，堅持「綠水青山就是金山銀山」的理念，實施綠色低碳戰略，主動適應建設「美麗中國」的新要求，在海洋油氣資源開發中始終踐行「在保護中開發，在開發中保護」的原則。

我們以最大的海上油田 ── 渤海油田為例（見圖 10-2）。渤海油田創造了連續 8 年穩產超 3000 萬噸的新紀錄，50 年來已累計生產原油 3.5 億噸，為國民經濟的發展充當了能源「後盾」。然而，渤海是內海，自淨能力相對較弱，加之眾多方面在渤海的開發活動十分頻繁，渤海灣的生態環境保護確實面臨着較大的壓力。

渤海油田處於一片富饒的海域，海油人常懷感恩之心，為渤海的綠色開發作表率，為渤海的碧波環繞貢獻力量。渤海油田在開發、開採過程中，堅持「清潔渤海，和諧油田」的理念，除了油氣什麼都不帶走，除了藍色什麼都不留下。

為了實現這一理念，渤海油田施工方對渤海油田的建設在項目評估階段便做出了詳盡的環評報告，並針對可能存在的

1　即中石油、中石化和中海油。

圖 10-2　渤海油田某平台
李佑坤 / 攝

污染提前採取措施。守護碧海，責無旁貸。在項目建造、安裝及油氣田的開發過程中，渤海油田施工方更是將環境保護作為「天字號工程」，生產污水處理後回注地層，生活垃圾及工業垃圾全部集中存放，並定期運回陸地集中處理。

10.3　碳捕集與封存的價值

2017 年 5 月 22 日，英國《金融時報》的一篇文章引起了不小的轟動。這篇報道披露了中國向新能源技術進發的下一步

動作——將碳捕集與封存技術推向商業化。

碳捕集與封存（CCS），就是將釋放到大氣中的二氧化碳捕集壓縮，並壓回到枯竭的油田、天然氣田或者其他安全的地下場所。可以說，這項技術是在和空氣「較勁」。

CCS 技術之所以在全球範圍內備受關注，很重要的一個原因在於其能夠有效減少燃燒化石燃料產生的二氧化碳。自工業革命以來，全球地表溫度持續上升。聯合國政府間氣候變化專門委員會（Intergovernmental Panel on Climate Change，IPCC）研究發現，人類活動，特別是以化石能源大規模利用為主的能源活動，造成大氣中以二氧化碳為主的溫室氣體濃度快速上升，這也是導致氣候變暖的主要原因。

應對氣候變化，減少溫室氣體排放，實現能源系統的低碳化，已經成為越來越多人的共識。人們意識到，要保護地球環境，實現可持續發展，就必須設法把大氣中的二氧化碳含量降下來。IEA 的評估表明，為實現在 21 世紀末將全球氣溫上升的幅度控制在 2℃以內的共同目標，預計到 2050 年，CCS 技術需至少貢獻 14% 的減排量。

CCS 技術是減少火力發電廠、鋼鐵和水泥廠等大規模集中排放源排放二氧化碳的重要舉措。根據測算，這種技術可以捕獲發電廠排放的 90% 的二氧化碳。中國 3/4 的發電量都來

自燃煤，因此 CCS 技術存在着巨大的發展潛力。中國對 CCS 技術的探索也從來沒有停止過。

過去 10 多年來，位於內蒙古鄂爾多斯市伊金霍洛旗的國家能源集團鄂爾多斯煤製油分公司，依託中國首座百萬噸級煤直接製油工廠，在國家科技支撐計劃的支持下，與中國科學院、北京師範大學、北京大學、清華大學等院校合作，建設了 10 萬噸／年二氧化碳捕集和封存全流程示範項目。

在這裏，整體 CCS 過程分捕集和封存兩個階段，其中捕集部分在廠區進行，通過壓縮、冷凍處理將高濃度的氣體二氧化碳轉變為液體二氧化碳，並暫存至廠區內容量為 650 立方米的儲存罐內，而封存階段則是將暫存的二氧化碳注入距離廠區 13～15 千米的非採礦區地下。

自 2011 年 5 月 9 日開始連續注入作業，至 2015 年 4 月 16 日，共封存二氧化碳 30.26 萬噸，隨後項目進入監測期。鄂爾多斯盆地的地質結構有圈閉、低孔、低滲等特點，是實施二氧化碳封存的理想區域。近 9 年的監測數據顯示，封存區地下水質、壓力、溫度和地面沉降、地表二氧化碳濃度等指標沒有明顯變化，採用示蹤技術也未監測到二氧化碳泄漏的現象。

儘管國家能源集團鄂爾多斯煤製油分公司的這一項目在 CCS 技術上還僅僅是示範性嘗試，但對於中國整個煤化工行業

來說，儘早實現工業化、規模化的 CCS 技術是必須完成的目標。與燃煤發電項目相比，煤化工項目在二氧化碳捕集上有着量大質純的「先天優勢」。煤化工需要在高溫高壓的化學反應中調整煤炭中的碳、氫比例，因此將直接產生大量高濃度的二氧化碳。如果能發展 CCS 項目，則可以大大降低碳排放量。

從另一個角度看，CCS 項目的實施還可以實現一定的商業價值。被捕集的碳可以重新用於石油開採、冶煉等。全球最早成功完成「碳捕集與封存」試點項目的挪威國家石油公司證實，在油田裏灌入二氧化碳，可以使石油的採收率提高40%～45%。

有專家預言，CCS 技術或將引領世界能源進入 3.0 時代，對治理環境和保護生態起到有效的作用，是滿足人類社會可持續發展的最終能源選擇。

10.4　創新是關鍵一招

根據中共十九大報告的重要部署，中國將推進能源生產和消費革命，構建清潔低碳、安全高效的能源體系。這對於清潔能源的利用提出了更高的要求。

當前，中國化石能源的清潔化利用已經取得了許多突破

性的進展，但是也存在不少問題和困難。

　　以煤炭為例。隨着中國經濟社會的發展，人民對美好生活的需求日益增長，對生態環境、清潔能源等方面的要求也日益提高，結合中國以煤炭為主的能源結構，對煤炭清潔高效利用的新要求顯得更加迫切、更受期待。同時，新能源、可再生能源資源總量不足等問題突出，以清潔能源保障穩定供應的壓力大，而煤炭與天然氣、電力相比，其清潔化利用在外部保障條件上具有優勢，但在廢棄物排放方面仍存在不足。

　　在這種情形下，煤炭行業需要深入研究應對新一輪技術革命帶來的機遇和挑戰。新一輪技術革命的核心是智能化、信息化、大數據、綠色化。煤炭行業抓住新技術、新材料、新工藝、新業態快速發展帶來的機遇，深入研究煤炭革命的戰略方向、技術路線圖，方能促進煤炭由傳統能源向清潔能源的戰略轉型。

　　對於石油、天然氣等化石能源而言，科技創新和數字化轉型同樣是實現清潔化利用水平不斷提升不可或缺的要素。油氣企業需要以更大的決心進行源頭和過程控制，積極開發和引進新技術、新工藝、新設備，採用清潔化生產技術和節能環保設備，提高數字化、智能化水平，努力減少污染物排放，提高資源利用效率。同時，油氣企業要加快推動產品綠色化。

　　《「十三五」節能減排綜合工作方案》明確提出，到 2020 年，工業能源利用效率和清潔化水平將顯著提高，規模以上工業企業單位工業增加值能耗比 2015 年降低 18% 以上，電力、鋼鐵、有色金屬、建材、石油石化、化工等重點耗能行業的能效達到或接近世界先進水平。

　　我們期待，化石能源行業緊緊抓住創新這一引領世界發展的第一動力，在理念、科技、產業結構上不斷創新，加快轉變發展方式，更好地實現綠色低碳發展，為生態文明建設和打造美麗中國做出更大貢獻。

本章參考文獻

[1] 胡徐騰. 我國化石能源清潔利用前景展望 [J]. 化工進展，2017，36(9)：3145-3151.

[2] 中國煤炭工業協會. 中國煤炭工業 40 年改革開放回顧與展望：1978—2018[M]. 北京：煤炭工業出版社，2018.

[3] 聶立功，姜大霖. 全球 CCS 技術商業化路徑研究 [M]. 北京：煤炭工業出版社，2016.

第十一章
邁向「零碳社會」

引子

　　《巴黎協定》的簽訂為 2020 年後全球合作應對氣候變化明確了方向，標誌着合作共贏、公正合理的全球氣候治理體系正在形成。在很多人眼中，《巴黎協定》從某種意義上說與去化石能源、發展可再生能源是「畫等號」的。在中國邁向「低碳社會」乃至「零碳社會」的進程中，能源體系也將發生深刻的變化。風能、太陽能等可再生能源究竟將發揮什麼樣的作用？在未來的低碳能源供應體系中，備受爭議的核電能否擁有一席之地？近年來大熱的氫能，又是否會成為引領我們邁向「低碳世界」的中堅力量？

2016 年 9 月 3 日，在風景秀麗的杭州，中國國家主席習近平與美國總統奧巴馬、聯合國祕書長潘基文共同出席氣候變化《巴黎協定》批准文書交存儀式。習近平在隨後的致辭中指出，氣候變化關乎人民福祉和人類未來⋯⋯中國是負責任的發展中大國，是全球氣候治理的積極參與者⋯⋯中國將落實創新、協調、綠色、開放、共享的發展理念，全面推進節能減排和低碳發展，邁向生態文明新時代。

邁向生態文明新時代，是中共和中國順應世情民意後做出的重大決策。中國政府也一直是《巴黎協定》的堅定擁護者，近年來在應對氣候變化、推動環境治理方面採取了一系列鐵腕措施，取得了積極成效，也得到國際社會的普遍讚賞。在《BP 世界能源展望》（2019 年版）的發佈會上，BP 首席經濟學家戴思攀表示：「中國是落實《巴黎協定》、應對氣候變化的積極貢獻者，我走到全球各地都在強調這一點。」

11.1　風電加速

「人們往往會高估一年的變化，也往往會低估十年的變化」，用這句話來形容風電產業乃至整個可再生能源產業，恰如其分。

　　早在 15 年前，時任國家發展改革委能源研究所副所長的李俊峰就預測，全球風電大發展最終還是要看中國市場。彼時，他在與朋友的閒聊中「自嘲」：風電那是丹麥人搞的，你們就當我講一次中國的童話吧。

　　10 多年倏忽而過，李俊峰口中的「中國童話」不僅變成現實，甚至已經成了「中國奇跡」。中國風電產業從零起步，從科研試驗、示範項目到商業化、產業化應用，10 多年間從小到大、從弱到強，走過了一條迂迴曲折又波瀾壯闊的崛起之路。中國風電產業已經成為世界能源產業森林中的一棵「參天大樹」。

　　這 10 多年，中國風電裝機規模快速擴張。2006 年，中國風電累計裝機容量僅為 254 萬千瓦，2017 年風電累計裝機容量已達 1.88 億千瓦，短短 12 年增長了 73 倍。中國 2006—2017 年風電裝機容量統計見圖 11-1。2016 年出台的《風電發展「十三五」規劃》明確提出，「到 2020 年底，風電累計並網裝機容量確保達到 2.1 億千瓦以上」。目前，中國風電連續多年新增裝機容量居全球首位，已取代美國成為全球第一風電大國。風電也超越核電，成為中國僅次於火電、水電的名副其實的第三大主力電力能源。

　　中國風電快速發展的這些年，國內本土企業加速崛起，外

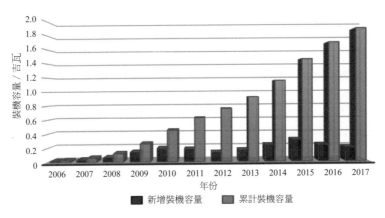

圖 11-1 中國 2006—2017 年風電裝機容量統計
資料來源：中國可再生能源學會風能專業委員會

資企業紛紛退敗，風電產業「戰火」紛起，「群雄逐鹿」，市場版圖數次生變。隨着一批國內風電企業的崛起，國內風電市場競爭明顯加劇，維斯塔斯、通用電氣、西門子、歌美颯（現被西門子收購）等外資巨頭明顯「水土不服」，在競爭中處於下風。翻閱相關資料可以發現，在 2012 年前後，就在中國風電裝機量一路飆升的同時，曾經風光無限的外資風機製造商的市場份額卻從最高的 75% 一路下滑至 10%。據風能協會的數據，到 2014 年底，本土企業在國內新增風電裝機容量中的份額已經超過 98%，外資廠商的份額則降到了令人驚訝的 2% 以下。[1]

---

1 參見新浪財經 2019 年 4 月 16 日的文章《風電的戰爭》。

　　回望過去 10 年，中國風電產業的確發生了翻天覆地的變化，這個過程中也出現了諸多可歌可泣的故事，用一整本書的篇幅來講述也毫不為過。當然，在看到巨大成績的同時，我們也要清醒地認識到眼下風電產業還面臨諸多挑戰，如難解的棄風限電（每年有數百億千瓦時的電被棄）、環保問題的制約（多個南方省份因風電有損環境，放慢了風電發展步伐）、非技術成本高、平價上網爭議頗多、國內企業海外競爭力不強等。應對這些挑戰是風電產業未來 10 年發展的關鍵。

　　未來中國風電產業演進方向可能出現新的趨勢，從集中式風電向分散式風電進化。分散式風電指靠近負荷中心、就近接入當地電網進行消納、不需要遠距離輸送的風電項目，接入電壓等級在 35 千伏及以下。這個概念提出了很多年，但由於政策壁壘沒有打通等原因，多年來發展一直不太順利。2018 年被業內認為是分散式風電發展元年，此後，分散式風電將會加速發展。預計到 2020 年，中國分散式風電裝機容量將達 20 吉瓦，每年分散式風電裝機規模增速將達 100% 以上。

　　中國海上風能資源也很豐富，發展海上風電的優勢明顯，而且又不佔用土地，還靠近東部地區電力負荷中心，海上風電或將迎來爆發式發展。之前由於技術阻力等一系列問題，海上風電的發展一直被忽略。實際上，當前中國海上風電

已經基本具備大規模發展的條件，部分項目陸續進入開工建設期。當前中國海上風電裝機規模連續五年快速增長，已經躍居全球第三。

　　隨着數字化技術的快速發展，風電產業也將呈現數字化和智能化的發展趨勢。隨着平價上網時代的到來，承受着成本壓力的風電企業正在擁抱數字化，未來 10 年內「會思考的風機」將成為主流，而無人風場也會逐漸成為現實。數字化、智能化等創新技術的應用，將有效提高風電產品開發以及運營維護的效率和質量，有利於降低度電成本[1]，為風電產業可持續發展提供重要支撐。

11.2　光伏的新征程

　　2016 年，麥肯錫全球研究院發佈了中國與美國的創新實力對比報告，該機構通過分析中國和美國在多個行業的創新表現後得出結論：過去幾年，中國光伏產業的競爭優勢已大大提升。

1　度電成本是指發電機組生產中平均輸出 1 千瓦時（1 度）的實際成本。

　　縱觀中國風電產業、光伏產業這些年的發展過程，有學者曾經做過一個形象的比喻，風電產業是「牆裏開花牆裏香」，光伏產業則是「牆裏開花牆外香」。中國的風電鼓勵政策及市場培育了中國的風電產業，而光伏產業則更多地依賴國際市場，通過貿易競爭打造了中國獨特的國際競爭力。

　　近年來，與風電產業相比，中國光伏產業發展之迅猛有過之而無不及。2007 年，國內太陽能發電裝機容量僅 100 兆瓦。2012 年發佈的《太陽能發電發展「十二五」規劃》提出，到 2015 年底，中國太陽能發電裝機容量達到 2100 萬千瓦以上。《可再生能源發展「十三五」規劃》提出，到 2020 年底，全國太陽能發電並網裝機確保實現 1.1 億千瓦以上。但時間和事實證明，中國光伏產業的發展遠超預期，2015 年底中國累計太陽能發電裝機容量已超過 40 吉瓦，到 2018 年底，累計太陽能發電裝機容量已超過 174 吉瓦，光伏產業鏈的主要環節均取得了突破性增長。2011—2018 年國內太陽能發電年度新增裝機規模以及 2019—2025 年新增裝機規模預測見圖 11-2。

　　受益於技術的進步和產業規模的提升，中國太陽能電池與組件的生產規模迅速擴大，太陽能電池製造技術進步速度不斷加快，產品質量位居世界前列，商業化產品效率持續提

圖 11-2 2011－2018 年國內太陽能發電年度新增裝機規模以及 2019－2025 年新增裝機規模預測

資料來源：中國光伏行業協會

升。預計在 2020 年前，晶硅太陽能電池效率將提高到 23% 以上。

中國光伏產業的發展看似一路高歌，其實也歷盡曲折，經歷過諸多「艱難時刻」。2007 年，中國邁入全球大型太陽能發電設備生產國之列，雖產能巨大，但苦於「兩頭在外」而掣肘於人，為行業發展埋下了巨大隱患。2011 年末，全球貿易保護主義興起，受歐債危機爆發的影響，且遭受歐美「雙反」調查，全球太陽能發電新增裝機容量增速放緩，中國光伏製造業陷入階段性產能過剩之中，產品價格大幅下滑，全行業虧損。我們見識了光伏產業周期性的動盪與市場競爭

的冷酷無情，也更加深刻地認識到，如果不學會敬畏市場，
沒有意識到產業的周期性風險而盲目擴張，勢必會付出慘重
的代價。

經歷着波折動盪和殘酷競爭，中國的光伏企業也在錘煉
筋骨，繼續成長壯大。一批光伏企業逐漸崛起，成為資本市場
的重要力量。數據顯示，2017 年，中國 67 家核心光伏上市企
業總資產為 10596 億元，淨利潤總和為 230 億元，營收總和為
4530 億元，對外淨投資總計 891 億元，對外淨融資總計 749 億
元。光伏產業成為拉動國內經濟發展的重要力量。[1]

儘管如此，中國光伏產業也還存在諸多不足，這其中，
成本競爭力較弱、仍需要依靠補貼是兩大「軟肋」。一個顯而
易見的例證是 2018 年光伏 531 新政帶來的軒然大波。國家
發展改革委、財政部、國家能源局在 2018 年 5 月 31 日發佈
太陽能補貼新政策，宣佈電力收購價格下調 0.05 元／千瓦
時，分佈式太陽能項目的補助也下調 0.05 元／千瓦時。此
事被坊間稱為「光伏斷奶」。通知發佈後引起了光伏產業的
「地震」。

---

1 參考新能源網 2018 年 7 月 6 日的文章《光伏 531 新政的「八大
   教訓」》。

經歷一輪政策調整，中國光伏產業需要逐步適應沒有補貼的政策環境，依靠自身的市場競爭力實現健康發展。隨着組件價格的持續下滑，太陽能發電度電成本必然會持續降低，這將推動產業更快迎來「平價上網時代」。同時，經歷這一輪產業洗禮之後，上游的多個環節將更加趨向專業化發展，從「諸侯混戰」的格局逐步向提高市場集中度轉變。

11.3 氫能產業「風口」已來？

2018 年 5 月 11 日，國務院總理李克強在日本首相安倍晉三的陪同下，考察了位於日本北海道苫小牧市的豐田汽車公司相關零部件工廠。李克強總理詢問了氫燃料電池汽車 MIRAI 和 e-Palette 概念車的續航里程等方面的問題。當消息傳回國內時，氫燃料電池汽車 MIRAI 瞬間「爆紅」，吸引了眾多媒體和民眾對燃料電池汽車的關注。

在 2019 年召開的全國兩會上，氫能源概念再次升溫。3 月 15 日，第十三屆全國人民代表大會第二次會議落幕，審議後的《政府工作報告》補充了「推動充電、加氫等設施建設」等內容。這意味着國家層面開始重視氫燃料電池汽車的基礎設施建設。

　　近年來氫能的利用引發了越來越多的關注。根本的原因在於中國政府和民眾對綠色發展越來越重視，而氫能是真正意義上的「零碳能源」。正因為如此，很多人認為，氫能在中國具有廣闊的發展空間。2018 年 10 月 11 日發佈的《中國氫能源及燃料電池產業發展研究報告》提到，到 2050 年，氫能在中國終端能源體系中的佔比至少達到 10%。

　　種種跡象表明，中國發展氫能的「集結號」已經吹響。2019 年以來，各地陸續落地氫能項目，從大同「煤都」轉型「氫都」到張家口利用富餘風能製氫，從江蘇如皋的「氫經濟示範城市」到浙江台州的「氫能小鎮」項目，從廣東佛山提出「氫能周」概念再到成都打造氫能產業鏈，氫能產業在全國各地呈現出一派蓬勃發展的景象。

　　當前，中國已經有十餘個省市發佈了氫能產業規劃，一些重大項目開始投入建設。例如，2019 年 2 月，全球首個以甲醇為加注介質的量產化氫燃料電池生產基地在寧波舉行開工儀式。該項目一期投資 11.84 億元，年產 5 萬套氫燃料電池。2019 年 4 月 10 日，由東方電氣（成都）氫燃料電池科技有限公司投資建設的氫燃料電池自動化生產線一期工程投產儀式在成都舉行，該條示範生產線具備年產 1000 套氫燃料電池發動機的批量化生產能力。

　　站在「氫能風口」的化石能源企業也在摩拳擦掌，試圖從中分一杯羹。2019 年 1 月，全國最大的煤化工生產企業晉煤集團與法中能源協會簽署戰略協議，擬通過國際合作探索氫能開發，推動傳統能源實現更深層次、更清潔化利用的轉變。國家能源集團、同煤、兗礦等多家煤企以不同的方式參與其中。

　　石油企業也是氫能產業積極的參與者。例如，中石化宣佈全方位佈局氫能產業，同時在廣東佛山積極探索加氫站的試點項目，該公司目前的氫氣年產量為 200 萬～300 萬噸。

　　在全國上下轟轟烈烈發展氫能的熱潮中，我們既要對氫能的未來發展有信心，也應該多一份冷靜和理性，避免盲目衝動。應該看到，當前氫能產業仍處在發展的早期階段，全球絕大多數的項目仍處於中試階段，還沒有已經實現商業化應用的項目，此時若大規模投入，相關企業要做好承擔經濟風險的準備。

　　當前中國氫能產業在核心技術的研發和基礎設施的建設方面面臨瓶頸制約，製氫的關鍵材料尚未實現國產化，電催化劑、質子交換膜以及炭紙等原材料大都需要進口，且多數為國外所壟斷。關鍵設備的對外依賴抬高了氫能項目的建設成本，導致相關基礎設施建設不足，比如，截至 2019 年上半年日本已建成 100 座加氫站，中國僅有 20 多座在運營。此外，

目前中國氫能發展的政策法規體系仍不夠完善，也限制了氫能產業的發展。[1]

　　氫能產業能否為中國邁向「低碳社會」做出更大貢獻？相信隨着產業政策的逐步到位、技術創新的突破以及投資熱情的逐步高漲，中國氫能產業會走上一條可持續發展的道路。但就像上述風電和光伏產業的發展歷程一樣，氫能產業的發展也不可能是一帆風順的，從政府到產業，各相關方要多一份專注與恆心，多一些耐心與包容，共同培育好氫能產業這個大市場。

11.4　核電的未來

　　2019 年 4 月 1 日，在中國核能可持續發展論壇 2019 年春季國際高峰會議上，生態環境部副部長、國家核安全局局長劉華表示，中國將在確保安全的前提下繼續發展核電，2019 年會有核電項目陸續開工建設。

　　2011 年日本福島核電站事故發生之後，中國主動調整了

1　參考南方能源觀察網站 2019 年 4 月 11 日的文章《氫能發展走高鐵模式還是汽車模式？》

核電發展的規劃，有意放緩了核電發展的節奏。按照此前國家提出的核電發展目標，每年要開工 6～8 台核電機組。但自 2015 年核准為新建 8 台核電機組後，中國核電行業經歷了三年多的「零審批」狀態，一個重要原因在於核電技術，尤其是第三代核電技術的可靠性、安全性仍需驗證。如今，核電重啟終於開閘。

回顧核電的發展歷史，中國第一座核電站 —— 秦山核電站於 1985 年開工，1991 年 12 月 15 日首次並網發電，1994 年投入商業運營。截至 2019 年 3 月，中國內地在運核電機組 45 台，裝機容量 4589.5 萬千瓦，2018 年核電發電量 2944 億千瓦時，位列全球第三（僅次於美國和法國）。中國核電對國民經濟的健康發展起到了重要作用。

2018 年以來，中國共有 8 台核電機組相繼建成投產，目前還有 11 台核電機組正在建設之中，在建規模連續多年保持全球領先。作為推動第三代核電發展的主要國家，中國投入運行和正在建設的第三代核電機組已經達到 10 台，佔世界第三代核電機組的 1/3 以上。中國已成為全球第三代核電技術的主要應用市場。

環顧全球，在全球其他地區尤其是歐洲國家「退核」趨勢十分明顯的情況下，中國核電發展幾乎呈現出「風景這邊獨

好」的態勢。業內專家預計，2020—2030 年中國核電規模會有 1.5 億～2 億千瓦的裝機容量，2030—2050 年，樂觀估計可能再增加 3 億千瓦。

全球核電建設為何會出現「冰火兩重天」的景象？主要原因在於不同國家和地區對核電的經濟性、機組性能、安全性等方面認識上的差異。從經濟性上看，在歐美，新建核電機組發電與風電等可再生能源發電相比已明顯失去競爭優勢。歐洲未來的電力體系將以可再生能源為主體，核電機組啟動慢、調峰性能差，被認為很難與未來的電力體系兼容。而在中國，在目前以傳統化石能源電力為「基荷電源」的體系中，核電還感受不到這種壓力，與其他電力能源相比仍然是有競爭力的。

值得一提的是，歐洲國家尤其是德國不再使用核能發電的一個重要原因在於對核電安全性能的擔憂。德國於日本福島核電站事故之後迅速做出「棄核」決定，根本原因在於對核電安全生產缺乏信心。對中國來說，儘管國內核電機組始終保持了良好的運行記錄，整體安全水平正在逐年提升，但人們對核電安全性的擔憂始終揮之不去。

一些專家認為核電不是「百分之百安全」的（恐怖分子襲擊、天外隕石、冷卻水斷絕等都是風險）；也有部分專家

認為，核電安全問題完全是可控的，沒必要杞人憂天；還有一些專家認為，核電在中國綠色低碳能源體系的建設中不可或缺。

如何破解上述的「核電爭論」？我們認為，在中國緊迫的環境治理形勢下，核電作為零碳能源，能夠為國家低碳發展做出貢獻，核電相對其他電力能源也具有一定的經濟性優勢，因此在未來還具有發展空間，但前提是必須確保核電機組的絕對安全。另外，就是要加快發展風能、太陽能等可再生能源，不斷提升風電與光伏發電的經濟性、供應穩定性及供應規模，通過市場競爭的方式讓部分喪失競爭力的能源產業退出歷史舞台，但這無疑需要我們更長時間的等待。

本章參考文獻

[1] 王高峰. 能源 2.0[M]. 北京：石油工業出版社，2018.

第十二章

擁抱能源互聯網

引子

21世紀以來，能源、環境、氣候變化問題嚴重制約着全球可持續發展，成為各國面臨的共同挑戰。推動能源互聯網建設被認為是解決上述問題的重要方案之一，日益引發世界各國的廣泛關注。習近平先後在聯合國發展峰會和北京「一帶一路」國際合作高峰論壇上，提出探討構建全球能源互聯網，得到國際社會的高度讚譽和廣泛響應。建設全球能源互聯網也得到聯合國祕書長安東尼奧·古特雷斯的高度肯定，它被認為是實現人類可持續發展的核心和全球包容性增長的關鍵所在。全球能源互聯網對我們究竟意味着什麼，中國又該如何推進它的建設？

北非撒哈拉沙漠地區每年最長的日照時間帶來的光能，「驅動」夏日裏東京高樓大廈的空調；東西伯利亞地區長年不斷的風能，轉化成電「點亮」倫敦住宅的台燈；中國西部高原地區本應「棄風棄光」廢棄的電力，輸送到非洲中南部缺電的農民家中……這些「科幻」的場景或許可在未來全球能源的互聯互通中變為現實。

對很多人而言，全球能源互聯網是一個全新的概念；而對中國能源人來說，推動全球能源互聯網建設也是一項嶄新的事業。這短短的七個字背後究竟包括哪些豐富的內涵？全球能源互聯的願景將如何實現？又將給人類社會帶來多大的便利和福祉？

12.1 跨越國界的大手筆

2017 年 11 月，一則關於日本億萬富翁、軟銀集團 CEO 孫正義計劃打造「東北亞超級電網」的消息引發了世人的廣泛關注。

孫正義要打造的超級電網實質就是把中國、俄羅斯、蒙古、日本、韓國這五個國家的電網連接起來。在他看來，這樣做的好處是，東北亞國家能夠分享能源供應，尤其在發生自然

災害的情況下，可確保區域的能源安全。孫正義為此大膽地做出了嘗試。2017 年 10 月，軟銀集團在蒙古戈壁灘上建立的 50 兆瓦的新風力發電廠投入使用。孫正義稱，這是亞洲超級電網項目下「軟銀踏出的第一步」。

「東北亞超級電網」彰顯了孫正義的勃勃雄心，但與 2015 年中國首提的「全球能源互聯網」計劃相比，就有點「小巫見大巫」了。2018 年 3 月，在北京舉辦的全球能源互聯網大會上，全球能源互聯網發展合作組織主席劉振亞表示，構建全球能源互聯網的頂層設計已經完成，技術裝備不斷突破，加快發展的條件已經具備。

從劉振亞發言中描繪的遠景圖來看，建設全球能源互聯網是一個橫貫全球五大洲的、氣勢恢宏的「大手筆」。一是建設亞歐非「五橫六縱」通道。匯集北極、北海風電，北非、西亞太陽能發電，非洲中東部、中國西南部、東南亞北部水電等清潔能源電力，向亞歐非電力消費中心輸送，實現多能互補和跨時區、跨季節互濟。二是建設美洲「四橫三縱」通道。匯集美國中部風電、亞馬孫水電、智利北部太陽能發電等可再生能源電力，向美國東西部、加拿大東部和巴西東南部等電力消費中心輸送，保障洲內電力供應，實現南、北美洲電力互濟。

據劉振亞介紹，建設全球能源互聯網也有着明確的實施路線圖：總體將按照國內互聯、洲內互聯、全球互聯三個階段推進。2025 年，跨國聯網實現重要突破；2035 年，基本實現各大洲洲內電網互聯，亞洲、歐洲、非洲率先跨洲聯網；2050 年，基本建成全球能源互聯網。[1]

小檔案

全球能源互聯網是什麼？

全球能源互聯網是一個無國界範圍、由最基本能源要素構成並藉助新型方式實現的配製交換網絡。全球能源互聯網將由跨洲、跨國骨幹網架和各國電壓等級網構成，連接位於北極、赤道等地的多個大型能源基地，適應各種集中式、分佈式電源，能夠將風能、太陽能、海洋能等可再生能源輸送給各類用戶，是一個服務範圍廣、配置能力強、安全可靠性高、綠色低碳的全球能源配置平台，具有網架堅強、廣泛互聯、高度智能、開放互動等特點。

1　參考中國電力企業聯合會網站 2018 年 3 月 30 日的文章《2018 全球能源互聯網大會在京召開》。

　　在我們看來，在全球能源生產消費不均衡、應對氣候變化日趨緊迫的大背景下，推動全球能源互聯網建設是順應全球能源低碳化轉型的重大舉措。根據一些機構的測算，到 2050年，清潔能源發電裝機容量佔總裝機容量比例將超過 80%。在未來以可再生能源為主體的電力體系中，如何解決光伏、風電等可再生能源電力的波動性問題？從目前來看，建設一個區域互聯互通的電力網絡是實現電網平衡的重要途徑。

　　建設全球能源互聯網，將有利於推動能源配置由局部平衡向跨國跨洲和全球化配置轉變，這無疑會加速能源生產由化石能源主導向清潔能源主導轉變，能源消費由以煤炭、石油、天然氣等化石能源為中心向以電能為中心轉變的進程，將推動人類社會進入高度清潔化、電氣化和全球化的新時代。

　　建設全球能源互聯網，也將是全球攜手合作，遏制氣候變暖、實現綠色低碳發展的重要途徑。面對日益緊迫的氣候變化議題，通過構建全球能源互聯網，實現全球清潔能源的互聯互通，將在能源領域加速清潔能源替代的進程，為應對氣候變化提供一個可行的解決方案。

　　對中國來說，建設全球能源互聯網也將是實現碳減排的重要路徑。聯合國開發計劃署駐華代表處國別副主任何佩德就

認為，中國要實現巴黎氣候大會上碳排放在 2030 年達到峰值的承諾，發展清潔能源是非常有必要的手段，而構建全球能源互聯網將有助於實現這一承諾。

推動全球能源互聯網建設，也將為消除「能源貧困」、促進全球經濟持續繁榮創造重要契機。當前全球仍有 8.4 億人生活在缺電的環境中，加快建設全球能源互聯網，能夠減少全球無電人口，讓人人有機會享有充足、經濟的綠色能源。

同時，全球能源互聯網還將帶動新能源、新材料、人工智能、大數據、電動汽車等領域的技術創新和產業發展，為當前相對疲弱的經濟增長注入新動能。據估算，構建全球能源互聯網能夠拉動世界投資規模超過 50 萬億美元，將有力帶動高端裝備製造等新興產業的發展。

儘管全球能源互聯網建設開局勢頭良好，但客觀地說，這一宏圖偉業僅僅是「萬里長征剛剛邁出第一步」，我們要清醒地認識到全球能源互聯網建設還將面臨諸多的困難和挑戰。例如，近年來逆全球化思潮湧動，單邊主義、孤立主義抬頭，是否會對全球能源互聯網計劃的實施帶來不利影響？又比如，清潔能源電力在全球範圍優化配置的問題需要技術和制度的雙重支撐，這是一個難度巨大的課題。還比如，全球大聯網的經濟性究竟如何，安全問題又該如何解決？只有逐一解決好

這些疑慮和問題，構建全球能源互聯網的偉大構想才能真正變成現實。

12.2　微電網向我們走來

著名未來學家傑里米‧里夫金在《第三次工業革命》一書中提到，集中型的超級電網與分散式的智能網絡之爭，將決定我們的子孫究竟要從我們手中繼承一個什麼樣的經濟和社會。

應該說，里夫金提出了一個關於未來電網發展的至關重要的問題：未來電網是朝着「同步電網數量越來越少、電網規模越來越大」發展，最終形成以特高壓（主要是交流特高壓）為骨幹網架、全球互聯並統一調度的超級大電網，還是隨着可再生能源分散化生產和消費的模式的日益普及，再加上儲能技術的突破和廣泛應用，傳統大電網逐步消亡，分佈式的微電網模式取而代之？

從國外部分國家的實踐來看，一些國家對建設以特高壓為骨幹的超級大電網有過嘗試，但最終都放棄了。例如，美國最初在特高壓方面做了很大投入，但 2003 年的美加大停電事故讓美國覺得，任何一處故障都會影響整個交流同步電網，同

步電網規模愈大，線路愈長，電壓崩潰事故愈容易發生，而且很容易產生連鎖反應，造成大規模電網停電事故。

在極端惡劣的天氣爆發越來越頻繁的今天，傳統大電網遭到破壞的概率正在升高，其影響範圍和造成的損失也越來越大。2003 年 8 月，一次大面積停電事故造成美國東北部和加拿大東部地區大約 5500 萬人遭遇斷電。2012 年 10 月颶風「桑迪」襲擊美國東部，導致 800 萬人遭遇斷電。同年 7 月，印度發生了世界上最大的斷電事故，造成該國一半人口遭遇斷電。美國列克星敦研究所稱，由於電網的供電彈性問題，美國平均每天至少有 50 萬人受到停電的影響，每年造成的損失達 1190 億美元。

相比於大電網崩潰可能造成嚴重後果，微電網的優越性在於，可將其作為簡單的可調度負荷或可定製的電源來滿足用戶多樣化的需求。在主網發生故障或者癱瘓時，微電網可與主網斷開，單獨運行，避免單一供電模式造成的地區電網薄弱和大面積停電事故，提高了供電系統的安全性、靈活性和可靠性。例如，超級颶風「桑迪」襲擊美國東部造成大電網癱瘓時，普林斯頓大學的微電網卻一如既往地平穩運行，為校園內建築和基礎設施提供電力，被喻為黑暗中的一座「微型燈塔」。

近年來，微電網越來越受到世界各國的重視，被認為是推進電力系統安全可持續發展的一條重要出路。目前，世界上的許多國家已開展微電網研究，全球規劃、在建及投入運行的微電網示範工程達 400 多個，分佈於北美、歐洲、東亞、拉美、非洲等地區。

相比於美國、日本和歐洲，中國的微電網項目起步較晚。但隨着中國電力系統規模的不斷增大、全國電網系統互聯性的不斷加強，以及電力消費的多元化發展，中國電力系統面臨越來越大的安全和可靠性壓力，智能微電網建設的重要性和緊迫性日益凸現。中國在全面開展以特高壓為重點的跨區域輸電工程建設的同時，也未忽視微電網的建設。2017 年，微電網項目建設被正式提升至國家層面，國家要求在電網未覆蓋的偏遠地區，優先選擇新能源微電網方式架設供電線路，探索獨立供電技術和經營管理新模式。由此，浙江南麂島微電網、吐魯番微電網等一批示範工程湧現出來。

12.3　泛在電力物聯網

2019 年 3 月，全球電力公用事業「巨無霸」── 國家電網公司提出，建設世界一流能源互聯網企業的重要基礎，是要

建設運營好「兩網」，包括「堅強智能電網」和「泛在電力物聯網」。這是「泛在電力物聯網」這個名詞首次出現在大眾視野中。

國家電網公司表示，建設泛在電力物聯網是當前最緊迫、最重要的任務，到 2021 年要初步建成泛在電力物聯網，到 2024 年要全面建成泛在電力物聯網。按照國家電網公司董事長寇偉的解釋，泛在電力物聯網就是圍繞電力系統各環節，充分應用移動互聯、人工智能等現代信息技術、先進通信技術，實現電力系統各環節萬物互聯、人機交互，具有狀態全面感知、信息高效處理、應用便捷靈活特徵的智慧服務系統。

據了解，目前國家電網系統接入的終端設備數量超過 5 億（其中包括 4.5 億隻電錶，各類保護、採集、控制設備幾千萬台），預期到 2030 年，接入系統的設備數量將達到 20 億，整個泛在電力物聯網將是接入設備最大的物聯網生態圈。

很多人會問，「人機交互」「智慧服務」「泛在物聯」這些名詞過於專業，這個網究竟會給我們的日常生活帶來哪些改變？舉個現實生活中比較通俗易懂的例子：想像一下寒冷的冬天，剛下班的你希望回家後立馬能享受熱水和暖氣，於是你在路上就用手機為家中的熱水系統和空調設定好了溫度，節省了時間和精力。幫助你完成這一切的系統正是泛在電力物聯

網，「泛在」指的是時間、地點、人物皆不受限，也就是無處
不在的意思。

　　從上述例子可以看出，與堅強智能電網側重於發輸電端
不同，泛在電力物聯網注重的是用戶需求端。泛在電力物聯網
可以將電力用戶及其設備、電網企業及其設備、發電企業及其
設備、供應商及其設備以及人和物連接起來，共享數據，為用
戶、電網、發電站、供應商和政府服務。同時，泛在電力物聯
網在統一感知、實物 ID 應用、精準主動搶修、虛擬電廠、智
慧能源服務一站式辦理、大數據應用等領域也將發揮重要作
用，為電網企業和新興業務主體賦能。

　　當然，泛在電力物聯網目前還只是一個概念，要真正實
現預期目標，還有很長的路要走。

12.4　萬物互聯

　　就在國家電網公司佈局泛在電力物聯網的同時，中國一
家著名的企業華為技術有限公司（簡稱華為）則正在謀劃一張
更恢宏的版圖 ── 構建萬物互聯的智能世界。

　　作為全球最著名的科技公司之一，「構建萬物互聯的智能
世界」成為華為反覆對外輸出和強調的願景。華為在其官網

上用了一段頗有詩意的文字來描述他們眼中的智能新世界：
「未來，萬物相互感知、相互聯接，AI 如同空氣、陽光，無
處不在、無私普惠，物種抹去隔閡，族群抹去猜忌，地域抹
去疆界，甚至連星際宇宙都抹去神祕。讓我們一起把數字世
界帶入每個人、每個家庭、每個組織，構建萬物互聯的智能
世界。」

從目前的情況來看，人類離構建萬物互聯的智能世界還
有很長的一段路要走。當前，地球上的一部分地區已經開始
從數字化向智能化演進，而在另外一部分地區，連最基本的
數字化水平都還未達標。根據華為統計，2018 年全球智能手
機保有量已達 38 億，但仍然有 50 億人沒有智能手機；全球
人均流量消費分佈還很不均衡；很多企業都部署了雲系統，
但大部分企業只在辦公網絡上部署雲系統，沒有把生產網
絡、產品和客戶有機連接起來，更談不上數字化生產、智能
製造，真正已經開始使用人工智能的企業連 1% 都不到；部分
家庭設備都開始智能化了，但其他多數設備卻還沒有連接到
網絡中。[1]

1　參考華為官網 2018 年 9 月 3 日的文章《華為輪值董事長徐直軍：
　　構建萬物互聯的智能世界》。

也就是說，在全世界範圍內，在人與人之間、企業與企業之間、國家與國家之間，目前仍存在巨大的數字鴻溝和智能鴻溝。因此，邁入數字世界的第一步，是對萬物感知和萬物互聯的升級。根據華為預計，到 2025 年，個人智能終端數將達到 400 億個，全球物聯網連接總數將達到 1000 億個，這 1000 億個連接將使整個社會從消費互聯網邁向產業互聯網。萬物感知帶來的數據洪流將與各產業深度融合，形成工業物聯網、車聯網等新興產業。

在萬物互聯的新世界，泛在電力物聯網將給各行各業的發展以及城市建設等方面帶來巨大價值，將會實現「能源＋智能」「交通＋智能」「製造＋智能」「城市＋智能」等多種場景應用，助力各行各業實現跨越式發展。

例如，澳門電力有限公司（以下簡稱澳電）一直不遺餘力地推廣新技術的應用，可算是「能源＋智能」的典範。澳電在 2000 年就開始實施配網的自動化部署，並於 2005 年全面實現配網自動化。澳電在 2007 年開始採用數字化變電站，在 2008 年開始試點中壓閉環控制技術，並在同年開始使用停電管理系統等。澳電通過對這些智能電網技術的應用，有效提升了供電的穩定性及服務質量。長期以來，澳電供電可靠性指標一直都處於全球領先水平，平均服務可用指數在 99.9998%，

即 5 個 9 的水平，最好時可達到 6 個 9 的水平，系統平均停電時間維持在約 2 分鐘的水平。澳電目前正在加緊實施智能計量項目、設備狀態實時檢測等資產管理項目，以及上線電動汽車充電管理系統、分佈式光伏系統等，同時積極研究共同管道、智慧街燈等新技術，這些都必將進一步提升澳電的服務品質。

對於每一個個體而言，構建萬物互聯的智能世界也有助於釋放每個人的潛能，讓特殊的人不再特殊，讓人與人之間的交流更加順暢。有機構預計，2025 年智能助理普及率將達到 90%，12% 的家庭將擁有智能服務機器人；全球 3900 萬盲人和 2.46 億低視力人群將得到導盲機器人的輔助，從而可以行動自如。而智能語音的翻譯將讓不同國家用戶之間的交流不再受到語言的困擾，AI 拍照技術將讓不會玩專業相機的人也能達到專業級的拍攝水平……萬物互聯的智能世界，將是一個更加便捷高效、更能體現人文關懷、更能釋放人類潛能的新世界，我們期待這一天能夠早點到來！

本章參考文獻

[1] 傑里米·里夫金. 第三次工業革命 [M]. 北京：中信出版社，2012.

第十三章
能源改變未來

引子

　　能源融合、智能發展的時代即將來臨，這將深刻改變未來的能源格局。未來的交通方式是怎樣的，新能源汽車是否會成為主流？未來的建築將用什麼方式實現節能？未來的城市如何走生態化建設之路？可以肯定地説，隨着能源行業的發展和變化，分佈式能源、儲能和電動汽車應用、智慧用能和增值服務、綠色能源靈活交易、能源大數據服務應用等新模式、新業態的實施和應用，將對我們未來工作、生活的很多方面產生深刻影響。

　　2018 年的上海首屆中國國際進口博覽會單獨設立了汽車館，吸引了很多參觀者的目光，這也是全場唯一一個單一商品項目展館，展示了來自 16 個國家和地區近 70 家公司的汽車整車和零部件，集中展示了當今汽車行業未來發展的最新技術與整車產品，包括新能源車、自動駕駛技術、氫燃料電池技術、汽車動力系統等。

　　從自動駕駛到超級高鐵，從飛行出租車到亞軌道旅行，那些已經誕生和正在開發、測試中的創新技術讓我們的出行越來越便捷，讓我們的世界變得越來越小。而要實現這一切，智能化技術是基礎，使用何種能源作為動力則是核心。

　　由於能源轉型和技術發展，人類社會在 21 世紀中葉可能會出現一種與當下截然不同的能源體系。在這種能源體系下，人類的生產生活所需的能源可以得到有效保障，而且不會對環境和氣候產生無法彌補的影響。未來能源系統將是什麼樣的？現在還沒有人能給出完整的詮釋。但我們可以構想的是，它的底層是清潔能源、分佈式能源、儲能等新的能源技術，它的中層是物聯網、大數據、超級大腦、智能算法，它的應用層是智慧能源、智慧城市和智慧生活（見圖 13-1）。

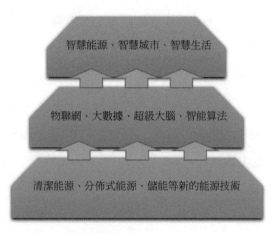

圖 13-1　未來能源體系圖示

13.1　能源「遊戲規則」悄然生變

　　2015 年 12 月在巴黎氣候變化大會上通過的應對氣候變化的《巴黎協定》是一份標誌性文件，該協定的目標在於使全球平均氣溫升幅控制在工業化前的水平以上低於 2℃ 之內。這項艱巨的任務才剛剛開始，成功是有希望的，但並非唾手可得。為了實現這一目標，人類社會發展到一定階段就必須實現近零碳排放甚至「負碳」排放，即從空氣中提取並減少二氧化碳的存量。這是對現有能源體系的巨大挑戰，也正改變着全世界的能源「遊戲」規則。

　　我們站在能源變革的起點，正在不斷推進能源的跨界融合。互聯融通、清潔高效的能源系統成為未來發展的方向，先進信息技術與能源行業深度融合，將成為未來能源發展的主要特點，全產業鏈、全生態體系發展越來越需要從系統、協同、共享等思維角度去探索和考察，從而立足未來，推進能源生產和消費革命。可以說，未來能源的融合、智能化發展已經不是理念問題，而是輸出實踐的過程。分佈式能源、儲能、電動汽車等能源發展新業態正逐步成為能源領域新的關注點和增長點。

　　新一代人工智能技術的突破將對能源發展產生全局性的影響。大數據時代的人工智能基於超強的數據獲取能力、計算能力和無處不在的傳感網以及神經網絡技術，帶來的改變將是革命性的。比如，新的能源系統基於先進傳感、物聯網、大數據、雲計算、深度學習、區塊鏈等技術，應用於電網的智能設備、智能調度、智能交易，有可能顛覆傳統電力系統的設備管理、系統調度、能量管理和交易方式。

　　未來的能源系統還具有鮮明的智慧性特徵，能源的產生、儲存、分發、監控、需求呈現出廣泛的互聯和智能特性，從而建立起能源生成和消耗的智能互動，可充分滿足用戶對能源個性化、多樣化的需求，優化資源配置，滿足環保約

束，實現可靠、經濟、清潔、具有互動性的能源供應和增值服務，故被稱為智慧能源系統。

能源技術的進步必將帶動能源行業服務模式的不斷創新。目前能源行業基本上按能源品種來提供服務。未來這種模式將會被打破，圍繞用戶的多元化需求，綜合能源服務等新業態將不斷湧現。相應地，今後能源行業的管理模式和管理體制也會隨之創新。

13.2　交通新時代

環境保護壓力不斷增加，不僅對能源生產提出了環保的要求，而且在交通出行領域也有這方面的要求。2009 年哥本哈根世界氣候大會之後舉行了清潔能源部長級會議，以鼓勵全球各國向清潔能源經濟轉型。轉型的早期行動之一是實施電動汽車計劃，目標是到 2030 年全球電動汽車保有量達 2000 萬輛，屆時電動汽車銷售量將佔新車銷售量的 30%。越來越多的經濟體提出了禁售燃油車的時間表，這預示着未來汽車的動力將逐漸轉向電力。

殼牌公司的《「天空」遠景報告》提出，這種轉型比預期要快得多，到 2030 年全球銷售的汽車中將有一半是電動汽

車，到 2050 年乘用車將全部是電動汽車。在繁華的大城市中，人們紛紛選擇乘坐無人駕駛的電動汽車。而電動汽車之所以能普及，部分原因在於電動汽車的製造相比傳統汽車在生產效率上有了極大的提升，例如廠家將標準化的汽車底盤設計與動力結構相結合，以近乎平裝的形式運輸至銷售端，甚至可以利用 3D 打印技術進行車身定製。這一改變與 20 世紀初汽車裝配生產線的出現一樣意義深遠，新的製造方式將促使電動汽車快速普及。[1]

自動駕駛是當今汽車領域的熱門話題，儘管對許多人而言，自動駕駛是否安全和值得信賴還有待證明，但不可否認，自動駕駛技術將成為未來交通發展的一個重要方向。一旦技術成熟，自動駕駛的車輛不僅可以彼此之間進行通信，還可以與智能基礎設施進行通信。聯網車輛組成一個龐大的數據安全網，告知其他車輛即將發生的風險，以便在不同環境中控制車速，預防交通事故的發生。

天空將是交通服務的下一個賽場。飛機大幅縮短了人們環球旅行的時間，但從地球一邊飛到另一邊，仍然需要花

1　參見搜狐汽車頻道 2018 年 10 月 24 日的文章，王勇所寫的《能源發展如何改變城市的未來》。

費 10 多個小時的時間。未來，亞軌道航空旅行將改變這一現狀，人們通過它可以大大縮短出行時間。一些公司也推出了飛行汽車項目，在未來，我們將能用智能手機召喚飛行出租車。自動駕駛模塊化運輸艙、無人機和機器人送貨都將成為我們出行和運送物品的選擇。而如果要在城市間旅行，除了選擇更快速、更智能的高速鐵路，還可以選擇 Hyperloop，也就是超級高鐵，它利用磁懸浮列車和真空管的組合，可以用接近聲速的速度運送人員和貨物。[1]

　　出行的未來就是城市的未來，這兩者密不可分。隨着世界各地都在加大智慧城市的投資與建設，各種未來出行方式的實現離我們越來越近。人類文明已經跨入智能化時代，未來，汽車也將不再是簡單的交通工具和代步工具，而成為智能化時代下的智能生活新移動終端和第三空間。交通的未來與能源的發展密不可分，它的演變既取決於能源技術的發展，也影響着能源進化的軌跡。

1　參見和訊新聞網 2018 年 6 月 11 日的文章，王進所寫的《從地面到亞軌道：連接未來的 8 種交通方式》。

13.3　智慧城市

城市是能源消費的主體，如果說智能是未來城市的「靈魂」，那麼能源就是城市運行不可或缺的「血液」。城市能源規劃與一座城市的發展潛力息息相關。

未來，能源轉型與技術進步的協同將重塑新型城市的用能方式。構建智慧城市不只是停留在「吃穿住行」這些淺層的消費行為上，更要依託城市運行規律構建智能化的綠色能源架構。這就意味着要通過能源生產與使用方式的變革，為智慧城市的落地提供合適的場景。

這既包括用可再生能源為城市提供綠色電力，也包括利用能源物聯網實現能源的智能調度，還包括樓宇、工業園區以及家庭等城市用能單元，通過配置智慧儲能設施，建立智慧能源管理系統，實現對清潔能源的收集、存儲及釋放，同時應對電動汽車充電等新型負荷給能源體系帶來的挑戰。在這一場景中，每一個用戶都能高效自主地掌控各自能源的使用，同時也能成為能源的提供者。

這樣的智慧能源本質上是一種現代化、信息化和智能化的能源管理系統，通過對智慧城市的智能監控與管理，在實現節能減排的同時，為用戶提供安全、舒適、便捷、高效的

工作與生活環境，並使整個系統和其中的各種設備處在最佳的工作狀態，從而延長設備壽命，減少管理成本，降低整體能耗。

隨着物聯網、大數據、雲計算等新一代信息技術的不斷發展，以及新興技術與智慧能源的不斷融合，智能能源將創造出新的發展生態，成為智慧城市的重要組成部分。智慧城市要想走出「紙上談兵」的階段，需要主動去應對新的能源發展趨勢對城市能源管理帶來的挑戰。

13.4　未來建築

建築行業在中國國民經濟發展中所扮演的角色有目共睹。但對於建築行業來說，還存在一個藍海，其市場空間遠未被釋放，那就是建築能源系統的改進。提升能效水平，無論對於新建建築還是現有建築而言，都能獲得巨大的經濟和環境效益。

相關統計顯示，中國建築運行能耗約佔全國能耗總量的20%，如果加上建築建造過程中帶來的能耗，整個建築領域的建造和運行能耗佔全國能耗總量的比例約為 40%。國家發展改

革委、住房城鄉建設部發佈的《城市適應氣候變化行動方案》提出，到 2020 年，建設 30 個適應氣候變化試點城市，綠色建築推廣比例達到 50%。

中國提升建築能效的主要措施包括大力發展裝配式建築、推廣綠色建築和建築能耗監測平台、推進清潔取暖。在建築能耗巨大的大環境下，未來發展「零能耗建築」是必然趨勢，簡單地說就是通過各種節能材料、技術及手段，大幅減少能耗，進而延伸到減少包括水、空氣、光線、建築材料等資源的消耗，實現資源零損耗的目標。

為滿足人們對美觀、舒適、環保、智能居住環境的追求，未來的建築將呈現出高科技、現代化、個性化的特點。從能源的角度來說，未來建築將由能源消耗者變成能源生產者，極具發展前景。藉助科技創新的力量，「可以發電」的房子正在成為現實。

有效提升未來建築的能效有一條重要的途徑，即採用「小而美」的分佈式能源，這是一種更清潔、更靈活的能源供給方式。例如，「冷熱電三聯供」作為天然氣分佈式能源的重要解決方案，通過對燃氣熱能的充分利用，顯著提高了能源的綜合利用功效，在許多項目中已見成效。

APEC[1] 主場館

APEC 主場館 —— 日出東方凱賓斯基酒店位於北京懷柔雁棲湖旁，主體建築佔地為 47 678 平方米，高 79 米，共有 21 層。該場館採用了特殊的形體設計，整個玻璃外牆使用了 10 000 多塊玻璃，面積達 18 075 平方米。

令人驚訝的是，規模如此龐大的酒店所用的電力主要來自綠色環保的水力發電，而照明系統也多是由 LED 節能燈組成。除此之外，該酒店還是中國第一家使用冷熱電三聯供系統的豪華酒店。由於酒店地處京郊，溫度常年比市區低 4～5℃，酒店配備的冷熱電三聯供系統以清潔的天然氣為主要燃料，不僅成為建築用電需求的良好補充，系統發電後排出的餘熱還可以通過餘熱回收利用設備向用戶供熱和供冷，使得燃氣的熱能被充分利用，綜合能效可達 90% 以上。三聯供系統替代空調制冷，節約了大量電力，還能夠緩解夏季用電高峰時期的電網壓力。

1　APEC，即 Asia-Pacific Economic Cooperation，指亞洲太平洋經濟合作組織，簡稱「亞太經合組織」。

在全球新一輪科技革命和產業變革中，信息技術與能源行業的融合成為一種重要的趨勢，新技術、新模式和新業態正在能源領域逐漸興起。能源領域的新技術層出不窮，不斷激發着人類對未來生產和生活的想像，從綠色住宅到智能出行，從智慧城市到智能生活，處處皆有能源變革的影子。能源，正在微妙卻又深遠地影響着未來。

本章參考文獻

[1] 《決策探索》編輯部. 未來能源大會召開：能源「遊戲規則」悄然改變 [J]. 決策探索（中），2018(1)：1-2.

[2] 陳輝，殷俊平. 城市能源技術發展八大趨勢，你了解嗎？[N]. 中國能源報，2019-03-07(5).

[3] 唐偉，吳鵬. 建築能效提升：未來尚待開啟 [J]. 能源評論，2019(1)：58-61.

第十四章

尖峰時刻

引子

能源的發展進程中，技術的突破帶來了能效的提升，未來能源的發展仍然離不開技術進步。技術革命是中國能源革命的核心和關鍵。展望未來，儲能技術、燃料電池、無線充電等都是值得暢想的技術突破，氫能和核聚變則寄託了人們對「終極能源」的猜想。雖然技術突破的道路上面臨諸多挑戰，但一旦把握住這樣的「尖峰時刻」，人類利用能源的能力將得到前所未有的提升。在這些關鍵領域，中國不能缺席。

　　2015 年 11 月 30 日，巴黎氣候峰會召開的第一天，美國總統奧巴馬在巴黎與比爾‧蓋茨一起對外宣佈，將推出一個投資金額達 100 億美元的能源研究投資計劃，投資者包括 20 位全球商業領袖及一些知名大學等。這個被命名為「突破能源聯盟」的計劃，目標是在對抗氣候變化的同時，發展新的清潔能源技術。該計劃關注的核心技術領域包括電力、交通、農業、製造和建築等，最終的目標是接近「零碳排放」。

　　科技創新為能源行業的發展提供了動力，也為能源安全、能源產業升級以及應對環境挑戰提供了重要保障。頁巖油氣的開採讓美國成為最大的石油和天然氣生產國；清潔能源技術的快速發展使得清潔能源的發電成本不斷降低，在很多國家，太陽能發電已經成為成本最低的發電方式之一；電動汽車、儲能、分佈式能源、數字化技術的發展，將進一步提高電能在終端能源消費中的比例；地熱、可燃冰等新型能源開採技術的進步將為能源供應提供新的選擇。能源技術的進步在重塑世界能源格局的過程中起到了關鍵作用，目前全球能源正在發生的重要變化都與能源技術的進步密切相關。

14.1　搶佔技術制高點

　　未來全球能源的發展已經從傳統能源技術轉向綠色能源技術。當前，世界各國正在加大對能源科技創新的投入，搶佔能源技術的制高點。預計到 2021 年，世界各國在清潔能源研發領域投入的資金將超過 400 億美元。

　　能源技術與裝備是中國能源生產和消費革命的支撐，也是搶佔科技發展制高點、確保中國能源長遠安全的戰略保障。近年來，中國能源領域的科技創新能力和技術裝備自主化水平顯著提升，建設了一批達到國際先進水平的重大能源技術示範工程，初步掌握了頁巖氣、致密油等資源的勘探開發關鍵技術與配套裝備，智能電網和多種儲能技術快速發展，陸上風電、海上風電、光伏發電、光熱發電、地熱開發等關鍵技術均取得重大突破。這些成果標誌着中國能源科技水平得到了跨越式發展。在某些新興領域，中國已經迎頭趕上，並在不少方面達到世界領先水平，例如在電動汽車數量、光伏發電量和風力發電量方面都早已穩居世界第一。

　　但關注成績的同時，我們也要看到中國與世界能源科技強國的差距。以油氣行業為例，儘管中國有大量的頁巖氣儲

量，但地質條件、技術和成本因素導致中國的頁巖氣產量與美國相比還有很大差距。而中國的天然氣、原油、成品油運輸管網長度少於美國、俄羅斯等國家，人均天然氣管線長度低於全球人均水平，地下儲氣庫工作氣量僅為全國天然氣消費量的 3%。在電力方面，中國煤電機組佔比過高，2017 年，煤電的發電量仍佔到總發電量的 73% 以上，其他如天然氣和可再生能源等清潔低碳能源機組裝機量佔比不足四成。相比之下，2017 年美國的發電結構中，31.7% 為天然氣發電，30.1% 為煤電，20.0% 為核電，9.6% 為非水力可再生能源發電。未來中國電力部門發展的重點應落在從煤電向低碳能源發電的轉型上。

當前先進能源技術已成為國際技術競爭的前沿和熱點領域。低碳技術和低碳發展能力越來越多地體現在國家的核心競爭力之中。中國在推進能源生產和消費革命之際，需要更加重視技術創新的作用，加快發展和推廣使用先進能源技術，打造先進能源技術的競爭力和低碳發展優勢。

在技術創新上，中國需要實施「追趕」與「跨越」並重的能源技術戰略，由目前需求拉動的「跟隨」式創新，逐步向需求拉動與技術推動的雙重作用機制轉變。

14.2　可能的顛覆性技術突破

當前，世界各國在能源領域的競爭已經轉向能源技術的競爭，從目前的趨勢來看，儲能、燃料電池和無線充電技術有可能改變未來的能源格局。

可再生能源的不連續性和低密度的問題一直阻礙着風能和太陽能等可再生能源的規模化發展。儲能技術將有助於消除這一重大障礙。電池和其他類型的儲能技術有助於我們更高水平地使用清潔、低成本的可再生能源。

燃料電池通過電化學方法讓燃料與氧氣反應，在不燃燒的情況下將化學能轉化為電能，提供持續的清潔電力。通過與其他可再生能源技術的結合，燃料電池可以化解間歇性能源的生產和需求之間的矛盾，在不損害基本負荷的安全和穩定的情況下，將可再生能源納入其能源體系。

無線充電作為新型的能量傳輸技術，使充電器擺脫了線路的限制，電器和電源可以分離，在安全性、靈活性等方面優於傳統充電器。這一技術的突破將使天才尼古拉·特斯拉曾經的夢想（特斯拉曾經做過無線充電實驗的裝置 —— 沃登克里弗塔，見圖 14-1）成為現實。只要啟動供電塔，周圍的一切電

圖 14-1
特斯拉曾經做過無
線 充 電 實 驗 的 裝
置 —— 沃 登 克 里
弗塔
圖片來源：維基百科

器設備不需要連接電線便能源源不斷地獲得電力，這意味着我
們將獲得可以移動的「自由能源」。

14.3 「終極能源」猜想

　　如果人類能夠獲得一種威力無比的「終極能源」，從而一
勞永逸地解決能源問題，並從根本上解決使用能源對環境的傷
害，那這種能源會是什麼？現在越來越多的人認為，這樣的終
極能源最有可能在氫能和核聚變能兩者身上實現。

　　氫元素（H），在元素周期表中位於第一位，廣泛存在於自然界。氫能是一種清潔的二次能源，它具有來源廣、燃燒熱值高、能量密度大、可儲存、可再生、零污染、零碳排放等優點，被譽為 21 世紀控制地球升溫、解決能源危機的「終極能源」。

　　國際氫能領域的科學家於 2006 年 11 月 13 日聯名向八國集團領導人以及聯合國相關部門負責人提交了《百年備忘錄》，認為氫能是控制地球升溫、解決能源危機的最優方案，不僅因為氫能用途廣泛，可涉及工業和生活的方方面面，也源於氫能本身具有非常優秀的儲能屬性。除此之外，如果對能源發展史進行仔細研究，就可以發現從不同時期主要能源的氫碳比例來看，能源的進化歷史就是減碳增氫的過程。

　　從氫能生命周期的角度來看，只要有水，利用太陽能、光能、核能、電能等一次能源或二次能源，就可以製成氫氣。氫氣的用途非常廣泛，可用於發電、發熱，或是用作交通燃料，最後它與氧氣反應生成水，通過這樣一個周期，氫氣將地球上的能量源源不斷地輸送到人類生活的方方面面。只要製氫的能量來源是可再生能源，那麼整個氫能的生命周期就將是清潔、環保、可持續的。[1]

1　參見戰略前沿技術公眾號 2018 年 8 月 2 日的文章，國際技術經濟研究所發佈的《未來能源主角：氫能發展歷程與產業鏈梳理》。

氫氣作為儲存不穩定能量的介質，具有巨量的能量儲存容量和較長的放電持續時間，一直被視作儲存太陽能、風能等不穩定可再生能源最好的介質。尤其是與超級電容器、電池等常見的儲能載體相比，氫氣在儲存容量和充電時間上的優勢更加明顯。

基於氫氣的這些特點，我們預測氫能將成為未來社會的主要能源。最近幾年，隨着技術的發展和能源問題的日益突出，各國對氫能日益重視。世界上許多國家都將氫能作為戰略性能源來發展。2016 年 3 月，國家發展改革委和國家能源局組織編製的《能源技術革命創新行動計劃（2016—2030 年）》提出，把可再生能源製氫、氫能與燃料電池技術創新等作為重點任務。在這個背景下，中國氫能產業的商業化步伐正不斷加快，一些地方政府和能源企業紛紛開始佈局氫能項目。一些城市中的人們已經乘上了氫能動力的公共汽車，或者開始採用氫燃料重型卡車來運送貨物。

然而，這僅是萬里長征的第一步。與發達國家相比，中國在燃料電池基礎研究和技術發展、氫能裝備製造等方面仍相對滯後，特別是一些關鍵技術與國外仍存在差距，產業鏈較為薄弱。隨着政策的大力推動、技術的進步和產業鏈的完善，看似遙遠的氫能將逐漸走進我們的生活。中國氫能聯盟預計，到

2050 年，氫能將在中國實現大規模應用，其在能源結構中的佔比有望達到 10% 以上。

　　另一種被寄予厚望的能源形式是可控核聚變。核聚變反應能夠釋放出巨大的熱能，產生超高的溫度。雖然它並不能直接產生電流，但它產生的熱能可以加熱水生成水蒸氣，高壓水蒸氣推動汽輪機旋轉，帶動發電機進行發電。

　　原子核中蘊藏着巨大的能量，一種原子核變為另外一種原子核的過程往往伴隨着能量的釋放。目前，人類已經能夠使用核能發電，但這種核能是利用核裂變反應獲得的。核裂變的原料來源問題以及產生放射性污染的問題，都很難得到有效解決。核聚變則不一樣，它是兩個較輕的原子核結合成一個較重的原子核時釋放能量的反應形式，太陽發光發熱的原理正是核聚變反應。也就是說，太陽猶如一個巨大的核聚變反應裝置，幾十億年裏一直向外輻射能量。科學家設想，如果發明一種裝置能夠控制核聚變，並穩定持續輸出能量，那就相當於人造了一個「太陽」。

　　核聚變的主要燃料是氫的同位素 —— 氘和氚，它們可以從全球海水中提取，可以說是取之不盡。另外，核聚變反應不會產生放射性廢物。因此，採用核聚變技術的核能幾乎能滿足人類對於「終極能源」的各種要求。

核聚變反應原理看上去非常簡單，但由於聚變能量實在太大，要控制核聚變反應非常困難。氫彈爆炸就是一種核聚變反應，但那是不可控的。想要利用核聚變來發電，需要有效控制核聚變的反應過程，這也是科學家一直努力的目標。

2006 年，中美歐俄日韓印七方共同簽約，計劃在法國建造國際熱核聚變實驗堆（International Thermonuclear Experimental Reactor，ITER）。該計劃是目前全球規模最大、影響最深遠的國際科研合作項目之一，其目標是在和平利用核聚變能的基礎上，探索核聚變反應在科學和工程技術中應用的可行性。

在核聚變領域，中國與國際基本同步，甚至在某些方面領先。中國的科研人員在深度參與 ITER 項目的同時，也在打造屬於我們自己的聚變工程實驗堆。2017 年 7 月 3 日晚，位於安徽合肥的全超導托卡馬克核聚變實驗裝置（Experimental Advanced Superconducting Tokamak，EAST）實現了 101.2 秒穩定長脈沖高約束等離子體運行，這是世界上第一個實現穩定高約束達到百秒量級的托卡馬克裝置，這一超長穩定約束時間創造了世界紀錄。這一里程碑式的突破，表明在穩態運行的基礎物理研究和工程方面，中國磁約束核聚變研究走在了國際前沿。如果能實現可控核聚變反應，它將徹底改寫人類的能源版

圖。在這一前沿技術領域，中國將擁有一席之地。這是中國能源技術的競爭力之一，也是未來能源發展的希望之所在。

本章參考文獻

[1] 張奇. 新時代中國的能源產業變革——我國能源生產和消費革命的挑戰與展望 [J]. 國家治理，2018(33)：2-12.

[2] 連政. 核聚變是終極能源嗎 [N]. 人民日報，2017-12-18(18).

結　語

　　全書行文至此，讀者或許對新中國成立以來中國能源行業的發展歷程、現狀概貌以及未來圖景有了大致的了解，對「能源革命改變中國」這一命題有了基本的認識。我們也期望在歷史與現實的交匯中，尋找到能源行業發展背後的一些規律，進而勾畫出能源行業發展的趨勢。在這裏，我們試着歸納出幾個方面的觀點，也是對全書內容的提煉和延展。

　　第一個觀點，能源行業的發展將逐步從資源導向過渡到資源 + 技術導向。

　　過去，中國能源行業的發展更多依賴於資源的發現和開採，無論是煤炭還是石油和天然氣，均是如此，「資源為王」的觀念在人們的頭腦中是根深蒂固的。在能源短缺的時代，掌控了資源就代表掌控了一切，上游的資源擁有方基本上處於「皇帝的女兒不愁嫁」的優越地位，能源企業唯一的追求就是多掌握資源、多採掘資源。而在新時代，無論是能源轉型的客觀趨勢，還是能源革命的主動謀變，都將給能源行業帶來新的變化。

　　這一變化直觀表現為從能源供應不足轉變到能源供應總

量過剩，所以需要結構調整和產業升級，從而實現能源行業高質量發展。這也意味着，能源行業的發展將從過去單純依靠資源驅動和生產要素投入，向依靠技術進步、市場拉動、產業質量提升和效率提高轉變，單一的資源導向發展方式將被資源＋技術導向所取代。

這一趨勢的出現並不是說資源的重要性降低了，而是單純依靠資源的時代已經過去了，技術對能源行業的賦能作用將更加突出，對能源產業鏈的改造和升級也將日益深化。

首先，技術主導型的能源行業將得到更多的發展。無論是純粹的新技術，還是技術與商業模式的結合，都給能源行業注入了新的活力。從智能電網到能源大數據，從分佈式能源到電動汽車，從風能、太陽能等可再生能源到氫能、核聚變能等「未來能源」……這些新事物的背後，無不是新的科學技術在推動，它們也將給能源行業的發展帶來新的可能性。

其次，傳統資源型行業對技術的要求也將越來越高。在世界範圍內，頁巖油氣技術的突破把美國推上了全球最大油氣生產國的寶座，深刻改變了世界能源格局。就中國來說，油氣行業採收率的提高，低滲、稠油、高溫高壓等邊際油田的開發，煤炭的高效開採和清潔化利用，電力的遠距離高效

低耗傳輸，這些都離不開技術進步。只有技術不斷創新，傳統化石能源才能不斷煥發新的生機。

最後，中國迫切需要依靠技術進步推動經濟發展，同時減少對資源的過度依賴。要提高能源效率，減少能源資源的消耗，最終還是要靠技術來解決。當前，無論是工業、城市、建築，還是交通、日常生活等各個領域，都普遍存在能效不高的情況。一方面，中國的經濟還需要持續發展，並因此帶來持續的能源需求；另一方面，我們不得不考慮資源和環境的可承載性。解決這一矛盾的關鍵在於，通過節能技術的升級和推廣，降低能源強度。

技術發展永遠是日新月異的，對此我們深表期待。科學技術是第一生產力，這在能源領域同樣是定論。能源想要得到飛躍式的發展，沒有技術進步是萬萬不能的，但我們也要看到，技術不是萬能的，它也有自己的限度。分析一種能源技術是否具有價值、是否能被未來所選擇，至少要從以下三個方面加以觀察。

首先，看技術是否具有可用性。它應該做到「三個符合」——符合科學原理、符合發展趨勢、符合人性需求，而不應該是華麗外衣包裝下隱蔽的「永動機」或「水變油」。

其次，成本是競爭力的關鍵，人類在選擇能源時的經濟

理性是驅動能源發展變遷的本質性因素。這一成本既包括獲取能源的成本，也包括它所產生的外部性等因素所帶來的綜合成本，還包括它與原有能源體系競爭、克服路徑依賴所付出的成本。因此成本是一個綜合的概念，任何只看一點不及其餘的視野都是不全面的。

最後，一種能源技術形式要被廣泛接受，還必須具有與之配套的設施和使用場景，這樣它才不會只停留在實驗室中，而是具有了在現實生活中開花結果的可能。以電動汽車為例，光提高電池的容量和續航里程是遠遠不夠的。如果不考慮一次能源的結構優化問題，不解決電池的消耗和污染處理問題，不具備隨處可充的配套設施與隨充隨走的場景設計，電動汽車就無法進行大規模的市場推廣。這些技術以外的問題將永遠無法由技術進步自發解決。

第二個觀點，中國的能源轉型路徑是化石能源清潔化與清潔能源規模化。

人類至今已經歷了從植物能源（薪柴）向化石能源的轉型，目前正經歷從化石能源向低碳能源的轉型，而化石能源之間又有多次亞轉型，即從煤炭到石油、從石油到天然氣的轉型。伴隨能源轉型的，是人類在能源利用上從效率低、清潔度低的「高碳能源」向效率高、清潔度高的「低碳能源」

演進的過程。這一方面是緣於人類對能效的主動追求，另一方面是由於在工業化蓬勃發展帶來的資源消耗和環境污染加劇的現實情況下，人類不得不受到資源環境的約束。

每一次大的能源轉型都會經歷一個漫長的過程。從歷史發展的角度來看，能源轉型是不同能源品種之間競爭的結果。一種能源要成為主要能源品種，需要滿足幾個基本條件：規模化供應，技術成熟，具有經濟性，有基礎設施配套。在低碳成為潮流的當下，還必須滿足一點：具有較少的環境負外部性。人類總會為滿足自己的需求而選擇最合適的能源，某種能源能被人類選擇，是基於其自身優勢互相競爭、「適者生存」的結果。

從全球範圍來說，能源轉型正處於緩慢而深入的推進過程當中，無論是歐美等發達國家，還是中國這樣的發展中大國，都在經歷這一過程。不僅能源消費國如此，中東地區的一些國家等主要的能源生產國也在謀劃和推動轉型。從某種意義上說，能源轉型與經濟轉型是相互聯繫、互為表裏的。

我們同時也應看到，每個國家的國情和經濟條件不同，能源轉型的具體內容和路徑也不相同，並沒有整齊劃一的標準，能源轉型也並非一個線性的推進過程，它受制

於各個國家的資源稟賦條件、經濟和產業結構、能源體制與市場結構、政策規制乃至民眾觀念，從而呈現出較大的差異性。

中國的能源革命與全球正在經歷的能源轉型不謀而合。就中國來說，富煤缺油少氣的資源稟賦，以重工業為主的產業結構，不平衡的地區發展格局，以及以直接使用一次能源為主的終端用能結構，決定了中國在能源轉型的過程當中，短時間內放棄化石能源的想法是不客觀也不現實的。把希望完全寄託在目前技術和市場並不完全成熟、規模總量還小的可再生能源上，只會欲速則不達。只有更加務實地審視能源現狀和目標，才能找到能源轉型的具體路徑 —— 化石能源清潔化和清潔能源規模化並舉。

當前，中國已經具備了能源轉型的條件：國家發佈了能源變革的總動員令，把能源的清潔化、低碳化發展作為能源轉型的首要目標；人民群眾對碧水藍天有強烈的渴望，生態文明理念日益深入人心；國際上已經有美國和歐盟等大國或組織能源轉型的成功經驗；應對氣候變化所產生的控制二氧化碳排放的問題成為重要推手；非化石能源技術特別是可再生能源技術有了突破，具備了商業化發展的條件。這一切都將加快能源轉型的步伐。

　　但理想的目標需要現實的路徑來實現。看似自發的能源轉型背後，其實都是人的力量在發揮作用，包括技術的發展、政策的優選和社會公眾觀念的更新。沒有能源革命就沒有能源轉型，革命既包括技術的革命、產業的革命，也包括觀念的革命、思維的革命。印證當下，中國完成能源轉型，需要從觀念上進行根本性的轉變，跳出能源行業來看能源轉型。能源是整個社會和經濟系統的一個部分，需要從系統效益最佳、整體成本最優的角度考慮能源轉型的問題。只有從這個角度，才能更深刻地理解能源轉型背後不以人的意志為轉移的規律。

　　就在本書接近定稿的時候，2019 年 5 月 24 日，國家能源局召開大力提升油氣勘探開發力度工作推進會，部署 2019—2025 年國內油氣增儲上產「七年行動方案」。這意味着在國家層面，正式開啟了為期七年的油氣大會戰的征程。國家對國內油氣勘探開發的重視，可以説給油氣行業吃了一顆「定心丸」，中國油氣行業將維持一段時間的高速發展期，大量的投資將帶動油氣行業及相關產業的發展，並成為使更多企業強化科技創新、加快技術進步的動力，推動中國能源生產和消費革命不斷深化，從而為中國經濟的高質量發展注入更強勁的動力。

第三個觀點，以生態文明為旨歸，推動中國從能源大國邁向能源強國與生態強國。

加強環境保護和應對氣候變化無疑已經成為全球的最大共識。這一趨勢的深刻背景在於，近代工業文明雖然帶來生產力的極大飛躍和人們生活水平的提高，但同時它帶來的經濟和社會快速發展也大大超過了環境承載力。當今世界，越來越多的人意識到，人類社會正面臨工業文明的危機與困境，需要一場生態文明的興起來加以救贖。尊重自然，順應自然，追求可持續發展，才能從根本上解決環境危機和生態失調問題。

能源發展對經濟、社會和環境目標的實現起着重要作用。毫無疑問，未來能源發展的核心應該是可持續發展。這實際上要求能源發展從傳統模式轉向現代模式，在此過程中，不僅要認識到能源的經濟價值，而且要認識到能源的生態價值。因此，克服傳統能源發展模式的弊端，向新的能源體系轉型成為必然的趨勢。《巴黎協定》的簽署加速了這一進程，標誌着人類在推動能源可持續發展上進入新的階段。

能源可持續發展的過程中，環境與能源問題並不矛盾。在現代能源生態環境系統中，能源可持續是基礎，環境可持續是條件。新的能源生產和利用方式的革命，將使

人類與自然界建立一種和諧的夥伴關係。人類不再盲目地向大自然索取資源和排放廢棄物，而是重新回歸地球生物圈生態系統中的應有位置，使經濟社會發展與自然生態環境有機地融為一體。

從這個意義上說，能源已不是一個簡單的經濟問題，而是一個文明、道德和倫理問題。生態文明是農業文明、工業文明之後更高的文明形態，為人類超越能源困境提供了可能。中國自古就有「贊天地之化育」「天人合一」等哲學思想，在可持續能源倫理建構過程中，這些智慧可以作為新的能源倫理的有益思想資源。

新中國成立 70 年來，中國政府對國計民生建設與環境保護的關係有了非常深刻的認識，已經將傳統的生態智慧與可持續發展理念很好地結合起來，提出了建設美麗中國新目標，明確了「綠水青山就是金山銀山」的綠色發展理念。中共十九大報告響亮地提出「堅持人與自然和諧共生」的觀點，將環境保護和建設生態文明提到了前所未有的高度。

今後幾十年是中國工業化和城鎮化的關鍵時期，要緩解能源生產與消費的矛盾、能源與環境的矛盾，推進能源生產和消費革命已刻不容緩。當前，中國處於穿越「能源三峽」的重要歷史關口，需要走出一條既能滿足經濟社會發展需

要，又能適應生態環保約束的道路，平衡經濟發展、能源消費與生態環境三者的關係。

隨着經濟的快速發展帶來的能源需求的增長，中國已經成為能源消費大國，但我們以煤為主的能源結構，以及高污染、高耗能的能源消費模式，折射出的其實是粗放式經濟發展模式和落後的工業佈局。從能源技術、能源效率、能源治理、能源產業鏈競爭力等方面來説，中國與世界先進水平還存在不小差距。

如果中國只是能源消費居於高位，但能源技術、能源效率、能源行業競爭力不夠，那也稱不上能源強國。如果中國能源消費導致環境惡化、空氣污染，那更不是生態強國。因此我們亟須經歷一場深刻的能源革命，建立更加清潔低碳、安全高效的現代能源體系，推動中國從能源大國向能源強國和生態強國邁進。這不僅是國家競爭力之所在，也是全體國民的福祉之所在。

綠色發展和可持續發展已成為當今世界的時代潮流。中國作為負責任的大國，必將在綠色發展的道路上持續發力，讓資源節約、環境友好、低碳經濟成為主流的生產生活方式，在推進美麗中國建設的同時，還將為全球生態安全做出新貢獻。

　　新中國成立 70 年來，儘管能源行業取得了輝煌的業績，但面對「兩個一百年」的宏偉目標，面對能源革命提出的任務清單，面對保障國家能源安全和建設美麗中國的使命，面對複雜多變的國內外形勢，能源行業和廣大能源從業者，再一次感受到了肩負的責任。

　　當年「鐵人」王進喜曾說：「這困難，那困難，國家缺油是最大的困難。」雖然時代不同了，但能源人矢志報國的追求沒有變。在建設社會主義現代化強國、實現中華民族偉大復興中國夢的征途上，能承擔起為祖國提供安全、清潔、高效能源的使命，是所有能源人的榮耀，更是責任與擔當！

　　能源是國之大事，也是民生大事，能源行業的高質量發展，除了依靠能源從業者的努力，也需要政策制定者、消費者、相關企業和教育界、科技界等各行各業人士給予更多的關注和支持，需要更廣大的群體團結起來、更廣泛的力量凝聚起來，攜手前行。

　　我們期待，隨着能源生產和消費革命的深入推進，能源將深刻改變中國。這種改變也將發生在我們每一個人身邊。

後 記

　　能夠完成這樣一個宏大的選題，得益於出版社策劃的「科技改變中國」這一主題出版項目給予能源行業以關注。顧翀社長和張立科總編輯給了我充分的信任，交給我這樣一個重頭任務，讓我和出版社的合作增加了新的內容。責任編輯韋毅為這本書花費了很多心血，她的細心和敬業，讓我們更加感受到出版人的專業素養。鄧昱洲博士精心製作的圖表，為書稿增色不少。

　　感謝能源行業的從業人員，包括決策者、專家、企業家、媒體人士等，從不同的角度為行業的發展出力。本書以記事為主，但如果說有真正的主角，那就是千千萬萬的能源人。本書與其說是幾位作者寫的，不如說是廣大能源人通過自己的工作成果和思想成果創造出來的。書中引用了一些觀點、素材和照片，都在書中予以說明或以腳註及章末參考文獻的方式加以列示，在此向這些內容的創作者致以謝意。

　　感謝鄧運華院士為本書作序，他嚴謹求實的科學精神是廣大能源科技工作者的寫照。在書稿審讀會上，倪光南院士、寧濱院士以及韓建民、武鎖寧等專家和涂子沛等叢書的

其他作者提出了很好的意見，在此一併致謝。

接到寫作邀請後，由於時間的關係，也為了避免行文的單調，我邀請林益楷和林火燦承擔了部分章節的寫作，他們立即答應並全情投入。我們三位作者先後從中國人民大學新聞學院畢業，畢業後從事過或長或短時間的新聞行業的工作，或者至今仍奮戰在新聞戰線上。我們樂於觀察、思考和描述這個時代的變化，因為新聞的光芒一直留在我們的心裏。感謝母校老師們的教誨，我們相信，當我們從事這樣的寫作時，是在用另一種方式踐行着「新聞人」的職責。

我們能在能源領域有一些職業積累，並有所獲益，都要歸功於各自所在單位提供的工作機會，在此表示真誠的感謝。

在繁忙的工作之餘從事書稿的寫作，個人的犧牲和辛勞不足道，家人的支持和鼓勵才最重要。這一份感激，是我們每個人感於心而平時訥於言的，藉此機會予以表達。

這本書是為新中國成立 70 周年獻禮的中宣部 2019 年主題出版重點出版物之一，能以這樣的方式為祖國獻上一份小小的禮物，我們倍感榮幸。這片土地上發生的一切，這個國家的前途和命運，是始終縈繞在我們心中的惦念和期待。

　　最後，我們也感謝您，每一位關心和支持能源行業的尊貴讀者。如果讀完之後您能有一鱗半爪的收穫，我們都會感到高興。如果您能指出其中的錯謬之處，我們更願意坦誠恭聽。

己亥年初夏於北京

神州脈動：能源革命改變中國

胡森林　林益楷　林火燦　著

責任編輯　蕭　健
裝幀設計　譚一清
排　　版　賴艷萍
印　　務　劉漢舉

出版　　開明書店
　　　　香港北角英皇道 499 號北角工業大廈一樓 B
　　　　電話：（852）2137 2338　傳真：（852）2713 8202
　　　　電子郵件：info@chunghwabook.com.hk
　　　　網址：http://www.chunghwabook.com.hk

發行　　香港聯合書刊物流有限公司
　　　　香港新界荃灣德士古道 220-248 號
　　　　荃灣工業中心 16 樓
　　　　電話：（852）2150 2100　傳真：（852）2407 3062
　　　　電子郵件：info@suplogistics.com.hk

印刷　　美雅印刷製本有限公司
　　　　香港觀塘榮業街 6 號 海濱工業大廈 4 樓 A 室

版次　　2022 年 2 月初版
　　　　© 2022 開明書店

規格　　32 開（210mm×153mm）

ISBN　　978-962-459-249-8